LA DIVERSIÓN DE MARTINA

M

LA DIVERSIÓN DE MARTINA

un viaje del revés

MARTINA D'ANTIOCHIA

Ilustraciones de **Laia López**

montena

hugo
sofía
martina

lucía

nico

Papel certificado por el Forest Stewardship Council®

Primera edición: abril de 2020
Cuarta reimpresión: febrero de 2022

Printed in Spain – Impreso en España

ISBN: 978-84-18038-27-3
Depósito legal: B-1.639-2020

Compuesto en Compaginem Llibres, S. L.

Impreso en Huertas Industrias Gráficas, S. A.
Fuenlabrada (Madrid)

GT 3 8 2 7 A

¿Hay alguien a quien no le guste viajar?

Es decir, ¿existe alguien en el MUNDO ENTERO a quien no le guste visitar lugares exóticos, vivir aventuras y conocer gente nueva e interesante?

A mí, por ejemplo, me ENCANTA viajar. Aun así..., aun así..., quizá esta vez habría preferido no acabar EN LA OTRA PUNTA DEL PLANETA sin dinero y sin modo de regresar a casa, poniéndonos en peligro, teniendo que colarnos en uno de los edificios más famosos del mundo POR CULPA DE QUIÉN SABE QUÉ MAGIA EXTRAÑA.

Es que a mis amigos y a mí nos ha vuelto a ocurrir una cosa muy rara. Más que rara, extraordinaria.

¿Que por qué siempre nos ocurren estas cosas a nosotros? No lo sé. Quizá seamos gafes.

Quizá es porque a mis amigos y a mí nos gusta vivir aventuras. Si no nos gustara y no nos tiráramos DE CABEZA a cualquier cosa un poco interesante que ocurre en nuestra vida, entonces viviríamos más tranquilos, seguro.

Aunque qué aburrido sería, ¿verdad?

Todo ha empezado con una obra de teatro. En clase de lengua estos días hemos estudiado la literatura popular. Es decir, los cuentos, las leyendas y todas esas cosas..., pero para que las clases fueran un poco más divertidas, nuestro profe de lengua nos hizo una propuesta: ESCRIBIR UNA OBRA DE TEATRO PARA TRABAJAR VARIAS LEYENDAS A LA VEZ.

Como era de esperar, todos los de la clase dijimos: «¡SÍ, SÍ, POR FAVOR!» (cualquier cosa antes de pasar horas en clase muertos de aburrimiento...). Ha sido un proyecto muy guay porque hemos tenido que buscar cuentos y leyendas de alrededor del mundo y luego elaborar un guion, preparar los decorados...

También ha sido genial porque, después de hacer un *casting*, ¡me eligieron a mí para hacer el papel de la exploradora protagonista! (cualquier papel me habría gustado porque la obra está MUY BIEN, pero, bueno, puestos a elegir...). De hecho, TODOS estábamos supercontentos porque a Hugo le tocó ser el mago que ayuda a la exploradora (es decir, a mí) a preparar su viaje por el mundo; a Lucía la eligieron para ser Caperucita Roja, y a Sofía, para ser el lobo del cuento de la Caperucita. Incluso Nico se sentía feliz al no tener que hacer ningún papel (dijo que actuar le da una vergüenza TERRIBLE, y eso que él siempre es muy payaso...), así que ha sido el encargado de preparar y pintar los decorados.

Total, que todo este lío ha empezado hoy, cuando estábamos ensayando en el auditorio. Es que en mi escuela hay un auditorio gigantesco que se usa para hacer obras de teatro, para los festivales... Es tan grande (cabemos de sobra todos los alumnos de todos los cursos) que a veces hasta lo ceden para hacer actuaciones del barrio.

Yo: ***BUENO, BUENO HA SIDO MUY INTERESANTE CONOCER LA HISTORIA DE CAPERUCITA Y DE ESTE TERRIBLE LOBO...***

He dicho paseándome a grandes zancadas por el escenario. Eso es lo que hay que hacer en un teatro: hacer gestos superexagerados, gritar mucho para que todos te oigan.

Yo: ***PERO AHORA TENGO QUE MARCHARME A OTRO LUGAR...***

En el escenario también estaban Sofía, con unas orejas de lobo de pega en la cabeza; Lucía haciendo de Caperucita; Hugo, en su papel de mago, e incluso Nico, que hacía de apuntador (el apuntador es muy importante durante los ensayos. Es el que tiene el guion y te chiva las frases si se te olvidan).

Hugo: ***No te olvides, exploradora, de tu brújula encantada. ¡Sin ella, te quedarás aquí atrapada!***

Ya sé que el guion de la obra es un poco raro, pero decidimos que nuestras frases debían rimar, porque es una cosa muy de cuento que el texto rime.

Sofía (supermotivada haciendo de lobo): **¡¡¡GROO-OOOOAAAAAAAAAAR!!! ¿Ahora te vas, después de fastidiarme la merienda? Ahora...**

Sofía se ha quedado muda, muy quieta.

Sofía: **Ahora... ¿Ahora qué, Nico?**

Yo: **Pero ¿todavía no te lo sabes? ¡Hace semanas que ensayamos y todavía no te sabes el texto!**

Le he dicho un poco molesta.

Sofía: **¡Mañana me lo habré aprendido seguro!**

Me ha contestado con cara de indignada. (¡QUÉ MORRO TIENE! ¡ELLA, INDIGNADA!).

Lucía: **Pues más te vale, porque, si no, nos harás quedar fatal.**

Sofía: **Sí, sí, me lo aprenderé seguro...**

Nico le ha susurrado las palabras a Sofía y ella ha dicho:

Sofía: **¿Ahora te vas, después de fastidiarme la merienda? Entonces, ¿qué comerá el menda?**

¡Por fin ha conseguido decirlo bien! Yo he dado un paso hacia Sofía. En la obra, mi personaje, la exploradora, llega justo en el momento en que el lobo se va a comer a Caperucita y la salva...

Lucía: **¡Pues tendrás que comerte una ensalada, porque si intentas comerme a mí, te daré una patada!**

Sofía: **¡¡¡GROAORRROAORRR!!! ¡Habrase visto! ¡Un lobo vegetariano! ¡Esto no puede ser! ¡Ahora veréis!**

En ese momento, he agarrado la brújula (una brújula imaginaria, porque no teníamos ninguna de verdad) y Sofía, haciendo de lobo, ha comenzado a perseguirnos, y al final hemos acabado todos corriendo en círculos en medio del escenario.

Yo: **¡Brújula, brújula maravillosa! ¡Ayúdame a poner pies en polvorosa!**

No hemos parado hasta oír un montón de aplausos y silbidos que venían del patio de butacas. Allí estaban el resto de nuestros compañeros de clase y nuestra profesora de lengua, la señorita Thomson, que se ha puesto de pie enseguida:

Profesora Thomson: **¡Muy bien! ¡Muy bien! ¡Excelente! Ahora, Sofía, Lucía, podéis descansar, y que suban al escenario los actores de la siguiente escena, que es la de...**

Nico, claro, que tenía el guion en las manos, le ha dicho:

Nico: **La fábula del cuervo y la raposa, profesora Thomson.**

Profesora Thomson: **¡Exacto! ¡Venga, venga! ¡Todos al escenario!**

Ha dicho dando palmadas para que nos diéramos prisa. Los únicos que nos hemos quedado en el escenario hemos sido Hugo y yo...

Sí, lo sé.

Sí.

Sí, Hugo y yo.

Sí. Me acuerdo perfectamente de qué ocurrió entre Hugo y yo estas Navidades pasa-

das... Eso del regalo (es decir, que yo le compré un regalo y no me atrevía a dárselo, y resultó que al final él también me había comprado un regalo y ENTONCES, ENTONCES... FUE SUPERBONITO PORQUE EMPEZÓ A NEVAR Y HUGO Y YO...

HUGO Y YO NOS...

nos besamos.

Todavía siento mariposas en el estómago y, A LA VEZ, un poco... No, un poco no, sino mucha, montañas, trillones de toneladas de VERGÜENZA.

Con esto quiero decir que no nos hemos vuelto a besar. Ni siquiera hemos HABLADO DE ELLO.

No nos hemos peleado ni nada. En realidad, cuando nos hemos quedado solos en el escenario, Hugo y yo nos hemos mirado y hemos sonreído, contentos por cómo estaba quedando la obra. No nos hemos sentido ni un poquito incómodos.

Aunque reconozco que, justo después de ESO que ocurrió en la feria de Navidad, sí nos sentimos incómodos durante una buena temporada..., pero ahora ya es agua pasada y, a la orden de la profesora Thomson, un grupo nuevo de compañeros ha subido al escenario. Hemos seguido ensayando; teníamos que darnos prisa porque mañana ya es el estreno, hasta que...

¡El timbre del fin de las clases!

Todos hemos comenzado a recoger rápido. Bueno, quizá no tan rápido como lo hacemos cuando estamos en clase, pero el caso es que la gente se ha ido marchando del auditorio de la escuela hasta que solo nos hemos quedado nosotros cinco y la profesora Thomson.

Profesora Thomson: **¡Venga, chicos!**

Nico, que estaba haciéndose el remolón —de hecho, nosotros seguíamos en el auditorio porque lo estábamos esperando—, se ha girado hacia ella.

Nico: ***Profesora Thomson, ¿no hay más material para la obra? Es que nos falta atrezo...***

Esta es una palabra nueva que hemos aprendido en los ensayos. Atrezo son todos los objetos, incluidos los decorados, que usan los actores en el escenario.

Nico: ***No tenemos ninguna brújula de verdad, ni el sombrero para que Hugo haga de mago...***

La profesora se ha encogido de hombros.

Profesora Thomson: ***¿Has mirado bien en el almacén, Nico? Creo que hay cosas de obras anti-***

guas... Pero ahora ya es tarde y tengo que marcharme.

No sé por qué he intervenido. Si no lo hubiera hecho, seguramente nos habríamos ido todos a casa y tan tranquilos.

Yo: **¡Nosotros podemos ayudar a Nico a mirar en el almacén! Ya cerraremos la puerta al salir. No se preocupe, profesora. Además, así, dependiendo de lo que encontremos, sabremos qué tenemos y qué más hemos de buscar para el estreno de la obra mañana.**

Casi inmediatamente, el resto de mis amigos me ha apoyado, y Nico ha puesto una CARA DE NIÑO BUENO SUPERCONVINCENTE. Tras pensárselo un segundo, la señorita Thomson ha dejado escapar un suspiro que ha sonado como un huracán.

Profesora Thomson: **Está bien. No creo que pase nada si os quedáis un rato más aquí...**

¿QUE NO PASARÍA NADA, HA DICHO? SI SUPIERA...

Voy a confesar una cosa: una de las razones por las que me he ofrecido a ayudar a Nico es porque hacía mucho MUCHO TIEMPO que tenía ganas de explorar los almacenes del auditorio.

Cuando la profesora Thomson se ha marchado (hemos esperado a oír cómo se cerraba la puerta), se me ha escapado un grito de la emoción.

Yo: **¡Chicos! ¡Tenemos que explorar los almacenes ya! ¡A ver qué tesoros encontramos!**

Nico: **Pero ¿no íbamos a buscar cosas para la obra?**

Yo estaba tan emocionada que he pegado un salto:

Yo: **¡Claro! ¡También!**

Entonces, me he girado hacia el resto de mis amigos.

Yo: **¿Vamos o no vamos?**

Nico se ha encogido de hombros, y Lucía y Hugo, también.

Sofía: **¡Claro que vamos!**

Últimamente tengo la sensación de que entre Sofía y Nico hay alguna que otra miradita, pero ella no me ha contado nada, así que de momento no puedo confirmarlo... Pero vaya, que creo que se están empezando a gustar.

Y así es como los cinco hemos echado a correr hacia los almacenes. El auditorio de nuestra escuela es tan grande y está tan bien equipado que parece un teatro de verdad. Por detrás del escenario, lo que hemos llamado «almacenes» es en realidad un laberinto de habitaciones, pasillos y escaleras polvorientas TREMENDAMENTE MISTERIOSAS. Hace años, cuando era mucho más pequeña, los niños de mi clase y yo vinimos aquí a participar en un festival de la escuela (creo que era el de primavera, porque recuerdo que llevaba un gorro en forma de flor en la cabeza) y, mientras esperábamos para salir al escenario, yo me despisté un poco... y acabé medio perdida en esos pasillos extraños. Enseguida me rescató una de las maestras, pero desde entonces tenía ganas de regresar...

Y la verdad, todo está prácticamente igual que como lo recordaba.

Yo: ***Chicos, aquí hay unas escaleras, voy a bajar, ¿vale?***

Y luego, como la verdad es que eran unas escaleras SUPERLÚGUBRES, he añadido:

Yo: ***Si alguien quiere bajar conmigo...***

Pero nadie me ha respondido y cada uno se ha ido a explorar por su cuenta así que...

«¡Respira hondo, Martina! ¡No tengas miedo!», me he dicho. Aunque la verdad es que estaba oscurísimo...

Pero no, ¡no! ¡No he permitido que el miedo me detuviera! He comenzado a bajar un escalón, y luego otro, y me he ido metiendo poco a poco en la oscuridad. Entonces he sacado el móvil del bolsillo y encendido la linterna, pero creo que ha sido peor, porque, con la lucecita del teléfono, lo único que he conseguido ha sido que las sombras se hicieran más profundas y más alargadas...

Pero aun así he seguido avanzando. Un poquito cada vez, intentado no hacer ruido al pisar...

Al final del pasillo, me he encontrado con una puerta. ¿Y qué tenía que hacer yo si me he encontrado con una puerta misteriosa en los almacenes TODAVÍA MÁS MISTERIOSOS del auditorio? Pues abrirla, claro. Era una de esas puertas que chirrían horriblemente al abrirlas, una puerta de peli de terror que daba a una habitación gigantesca llena de cosas. No sé qué cosas eran, la verdad, porque mientras avanzaba con cuidado lo único que veía eran sombras retorcidas, quizá de antiguos decorados, quizá...

Entonces he oído pasos. Me he detenido pensando que QUIZÁ era el eco de una de mis propias pisadas, pero...

PERO NO. NO ERAN MIS PISADAS, SINO LAS DE OTRA PERSONA... O LAS DE OTRA COSA.

COSAS QUE PODRÍA ENCONTRARME EN UN SÓTANO LÚGUBRE:

FANTASMAS Y ALMAS EN PENA. ¿Por qué no? Por lo menos, PARECÍA que era el lugar apropiado para encontrarse algún tipo de espectro, aunque, bien pensado, el año pasado conocí a un fantasma y me pareció la mar de majo...

buuuu

MONSTRUOS DEVORADORES DE PERSONAS: hombres del saco y cosas así...

¿Qué mejor lugar para que un monstruo se esconda que un almacén lleno de muebles polvorientos?

¡ALGÚN ALIENÍGENA PERDIDO EN LA TIERRA BUSCANDO VÍCTIMAS PARA LLEVARSE A SU PLANETA!

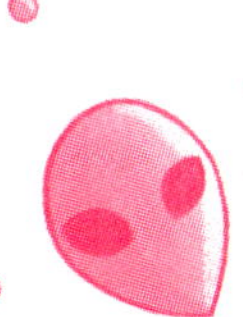

Me he apretado contra uno de esos objetos enormes que había en la sala, que ha resultado ser un armario ropero de esos antiguos que olía a polvo y a naftalina...

¡Pero los pasos seguían acercándose! ¡Más y más! ¡Y entonces una silueta ha aparecido en la puerta!

No podía escaparme, no podía hacer nada, salvo gritar...

Yo: **¡AAAAAAAAAAAAAAAAAAAAAHHH!**

¡Y esa figura aterradora también se ha puesto a gritar!

Figura aterradora: **¡AAAAAAAAAAAAAAAAAAAAAAAAAAAAHHH...! ¿Martina?**

¡En ese momento me he dado cuenta de quién era! ¡Hugo!

Yo: **¡Hugo! ¡Me has dado un susto de muerte! ¡¿Qué haces aquí a oscuras?!**

Hugo: **¡Tú eres la que me has dado un susto de muerte a mí, Martina! Es que te he seguido cuando has preguntado si bajábamos contigo por las escaleras, pero cuando ya estaba casi abajo, me he dado cuenta de que me había dejado el móvil arriba, y de pronto he visto una luz...**

Hugo se ha echado a reír, pero era una risa de esas supernerviosas, que tiemblan un poco, y entonces yo me he reído igual, pero quizá no tanto por el miedo que he pasado, sino porque me he acordado de ese momento de las últimas Navidades y...

Yo: **¡Vamos a explorar un poco más!**

Le he dicho de repente, porque quizá soy lo bastante valiente como para meterme en esos pasillos terroríficos yo sola, pero no lo soy tanto como para hablar con Hugo de lo que ocurrió.

Sin esperar a que él me respondiera, he comenzado a caminar por entre los trastos de la sala, siempre con el teléfono por delante para iluminarme. A medida que la vista se me ha ido acostumbrando a la oscuridad, me he dado cuenta de que en la habitación había todo tipo de muebles. Además del armario ropero de antes, había varias cómodas, un sofá orejero cubierto de telarañas, un perchero que parecía un pulpo puesto del revés e incluso un espejo de pie que me ha dado un susto de muerte (otro más, la verdad), porque de repente me he visto reflejada en él.

Hugo: ***¿Qué crees que es todo esto?***

Lo he mirado un segundo y entonces él se ha colocado cerca de mí, justo a mi espalda.

Yo: ***Pues imagino que serán cosas que se utilizaron para hacer obras de teatro hace años y que se han quedado aquí, ¿no?***

Él ha dicho que sí con la cabeza muy despacio mientras yo daba un par de pasos más. La sala era tan grande que no se veía el fondo, y de pronto he tenido miedo de que nos perdiéramos, de modo que me he dado la vuelta... y me he chocado contra Hugo.

Yo: **¡Ay!**

Como es más alto que yo, ¡me ha dado con el mentón en toda la coronilla!

Enseguida Hugo ha comenzado a disculparse, pero yo ya no lo escuchaba. Es que con la linterna del móvil he iluminado sin querer algo entre los montones de trastos acumulados en el almacén. Algo que brillaba...

Hugo: **¿Qué es eso?**

Yo: **No lo sé...**

Rápidamente me he acercado para averiguarlo. He tenido que saltar por encima de un baúl de cuero, con pinta de ser viejísimo, y de un montón de sillas apiladas. Aquella cosa brillante, al final, ha resultado ser una especie de maletín. Se parecía un poco a esos maletines que llevan los señores importantes, esos que van con traje y corbata cada día a trabajar, pero este maletín no era negro o marrón, sino de color púrpura con pequeñas estrellitas plateadas por encima... ¡Que eran lo que habíamos visto brillar!

Y el caso es que, cuanto más me acercaba al maletín, más sentía una especie de cosquilleo rarísimo en la tripa.

No sé por qué lo he cogido. Ni idea. Cuando he querido darme cuenta, ya tenía la mano en el asa. Enseguida me ha parecido raro, como si fuera demasiado pesado para el tamaño que tenía, pero apenas he tenido tiempo de pensar en ello porque entonces hemos oído la voz de Nico, llamándonos.

Nico: **¡Martina! ¡Hugo! ¿Dónde os habéis metido?**

Hugo y yo nos hemos mirado y de inmediato hemos ido hacia la salida de aquella sala llena de trastos, para luego enfilar el pasillo y finalmente subir las escaleras, de vuelta al auditorio. Y todo ese tiempo, yo llevaba el maletín decorado con estrellas de plata en la mano.

Al llegar arriba, en el escenario, nos hemos encontrado a Lucía, Sofía y Nico con los brazos cruzados, esperándonos.

Nico: **Qué sospechoso que hayáis desaparecido los dos...**

Ha comenzado a decir, y yo, CLARO, me he puesto roja.

Nico: ***¿No deberíais estar buscando cosas para ayudarnos en la obra?***

En ese momento he vuelto a sentir esa especie de cosquilleo raro en la tripa, como si tuviera hormigas corriendo por encima de la piel. Ni siquiera me he dado cuenta de que ese cosquilleo era RARO, RARO, RARO, ni de que las palabras me salían prácticamente solas:

Yo: ***Quizá en el maletín haya algo que nos sirva para el atrezo... ¡Mirad!***

No, en serio, yo NO tenía intención de decir eso. Como tampoco tenía intención de abrir el maletín, pero lo he hecho de todos modos. Era como si algo tirara de mí, como si no controlara mi propio cuerpo...

Mis amigos se han acercado corriendo y se han puesto a mi alrededor. El interior del maletín era de cuero gastado, nada del otro mundo, pero dentro había...

Sofía: ***¡Una brújula! ¡Justo lo que necesitábamos!***

Hugo: **¡Un sombrero de mago! ¡Justo lo que necesitábamos!**

Entonces Hugo se ha inclinado sobre el maletín, ha cogido el sombrero, un sombrero de copa, del tipo que un mago usaría para sacar de dentro conejos y ramos de flores y palomas blancas, y se lo ha puesto en la cabeza.

Yo he cogido la brújula. Me esperaba que fuera de plástico, pero era de metal y pesaba muchísimo.

Yo: **Chicos, ¿sabéis qué deberíamos hacer?**

Y de nuevo esas palabras... esas palabras que yo estaba pronunciando no eran del todo mías, sino que parecían venir de alguna otra parte...

Yo: ***Deberíamos ensayar ahora nuestra escena de la obra de teatro. ¿Qué os parece?***

Lucía: ***Pero si es tardísimo, y ya nos lo sabemos bien, ¿verdad?***

Lucía siempre es la voz de la sensatez en nuestro grupo. Aun así, su hermana Sofía la ha corregido:

Sofía: ***Yo no es que me lo sepa tan tan bien... Quizá podemos mandar un mensaje a nuestros padres para decirles que llegaremos un poco tarde. Total, mañana es el estreno, seguro que no les importa...***

Lucía: ***¡Pero tengo clase de música! ¡Y he de estar allí a las siete y media, y ya son las siete y veinte!***

Pero entonces Lucía ha visto la cara de todos: la de su hermana, la mía, la de Hugo y la de Nico. Al fin y al cabo, ¿no era por él que nos habíamos quedado? ¿Y no acabábamos de encontrar precisamente el atrezo que nos hacía falta para la obra?

Así que la cosa ha quedado decidida. A mí, en ese momento, el misterioso cosquilleo en el estómago ha comenzado a hacerse prácticamente insoportable, pero de todas formas he dicho:

Yo: **¡Vamos, chicos! ¿Empezamos?**

Lucía: **Venga, va, que ya son las siete y veintitrés, y llegaré tarde...**

EN SERIO, LO DEL COSQUILLEO TENDRÍA QUE HABERME DADO UNA PISTA DE LO QUE IBA A OCURRIR A CONTINUACIÓN...

Nos hemos colocado los cinco en el escenario, formando una especie de círculo. De repente estábamos todos muy serios, como si nos encontráramos en la noche del estreno y no solos, haciendo el tonto en el teatro.

Con la ayuda de Nico, hemos repasado rápido el inicio de la historia: mi personaje, la exploradora, se supone que es una chica valiente y aventurera que quiere viajar a los cuentos y fábulas más famosos del mundo, y busca a un poderoso mago (que es Hugo, claro) para que la ayude. El mago le regala una brújula mágica y luego la acompaña: primero viajan al cuento de *Los Tres Cerditos*, y luego al de *El Gato con Botas*. El tercer viaje es el de la Caperucita Roja. Ha sido aquí cuando hemos comenzado a representar la obra en serio.

Primero, Hugo y yo (la exploradora y el mago, vamos) hemos llegado a un bosque lúgubre.

Luego hemos visto a una niña con una capucha de color rojo que iba a ver a su abuela.

Todos sabemos cómo acaba el cuento, ¿verdad? Pues en nuestra obra Hugo y yo le chafamos el plan al lobo, que se queda sin devorar a la abuela y a Caperucita.

Hugo: **No te olvides, exploradora, de tu brújula encantada. ¡Sin ella, te quedarás aquí atrapada!**

Sofía: **¡¡¡GROOOOOOAAAAAAAAAAAAR!!! ¿Ahora te vas...? ¿Ahora...? Esperad, esperad, que me lo sé de verdad...**

Ha dicho de repente. ¡Siempre se atascaba en esta parte!

Sofía: **¿Ahora te vas, después de fastidiarme la merienda? Entonces, ¿qué comerá el menda?**

Lucía: **¡Pues tendrás que comerte una ensalada, porque si intentas comerme a mí, te daré una patada!**

Sofía: **¡GROAORRROAORRR! ¡Habrase visto! ¡Un lobo vegetariano! ¡Esto no puede ser! ¡Ahora vais a ver!**

Después, todavía en círculos, hemos comenzado a correr. Yo he agarrado bien fuerte la brújula y entonces...

Yo: **¡Brújula, brújula maravillosa! ¡Ayúdame a poner pies en polvorosa!**

En ese momento, la aguja de la brújula ha comenzado a girar a toda velocidad, tan rápido que ha empezado a temblarme la mano y he sentido en ella un calor terrible, terrible, como si el metal de la brújula se estuviera poniendo al rojo vivo...

Pero no solo yo estaba experimentando cosas extrañas. Sofía, que iba a lanzarse sobre mí haciendo de lobo, se ha quedado quieta de repente, con los ojos bizcos por la sorpresa. Lucía se ha agarrado a Nico, y los dos tenían una expresión rarísima en la cara, como si se estuvieran mareando, y Hugo...

Hugo: **¡¿Qué DEMONIOS está ocurriendo?!**

Hacía muchísimo calor. En serio. De repente hacía calor de verano y juraría que he notado un olor fresco y salado. El olor del mar. La aguja de la brújula seguía dando vueltas como una loca y entonces he mirado a mi alrededor, buscando alguna cosa a la que agarrarme, porque en ese momento...

En ese momento...

El escenario ha comenzado a hacerse borroso. Y también las butacas del auditorio, y los focos del techo y las tablas del suelo... Lo único que parecía ser todavía real era yo misma, y mis amigos...

Y justo entonces he sentido que me caía.

Y me caía, y me caía, como si se me estuviera tragando un agujero sin fondo, como si me hubiera tirado por la montaña rusa más grande y más terrorífica del mundo... Y...

BLAAAAAAAAAAAAAAAA-AAAAAAM

He aterrizado de culo sobre algo... o sobre alguien blando.

Lucía: **¡Martina! ¡Quítate de encima!**

Yo: **¡¿¿¿Lucía???!**

Lucía: **¡Sí! ¡Que soy yo, aunque me hayas confundido con un cojín!**

No tenía ni idea de dónde estábamos, pero se trataba de algún lugar estrecho y oscuro. Me he levantado de encima de Lucía y he visto que Hugo también estaba tirado en el suelo, y Sofía y Nico...

Todavía tenía la brújula en la mano, pero ahora la aguja estaba completamente quieta.

Entonces he visto una luz al fondo de ese lugar extraño en el que habíamos aterrizado... ¿Y qué otra cosa podía hacer más que comenzar a caminar hacia allí? Pues eso. A cuatro patas, porque el techo era demasiado bajo, he ido avanzando poco a poco hacia delante.

Yo: **Chicos, creo que por aquí hay una salida...**

Y sí, era una salida. Cuando he llegado al final, me he dado cuenta de que esa luz que veía era la luz del sol. He salido fuera, todavía a gatas. Hacía muchísimo calor. Hacía muchísimo muchísimo calor... porque estábamos en una especie de desierto, con arena y rocas y unas pocas plantas resecas. Entonces Lucía ha dicho bastante enfadada:

Lucía: **¡¿En qué lío nos hemos metido esta vez?!**

SI ES QUE YA DEBERÍAMOS ESTAR ACOSTUMBRADOS... :(

BUENO..., A VER, CALMA.

Eso mismo les he dicho a mis amigos cuando uno a uno hemos ido saliendo de ese lugar oscuro en el que hemos aterrizado, que ha resultado ser una cueva. A nuestro alrededor solo se veía un paisaje lleno de pedruscos y algunos árboles, y lejos, al fondo, una carretera.

Yo: **Bueno... A ver, calma, chicos.**

Pero ¿me han hecho caso? Pues no. Sofía y Lucía han comenzado a hablar entre ellas a toda velocidad, preocupadísimas; Nico daba vueltas tocándose el pelo y mirándolo todo

con cara de susto, y Hugo se ha quedado muy quieto, pero en plan quieto paralizado y sin saber qué hacer.

Es decir, ninguno de ellos estaba haciendo nada que nos fuera a ayudar en lo más mínimo en nuestra situación, así que he respirado fuerte fuerte y he repetido:

Yo: ***A VER, CHICOS... ¡CALMA Y ESCUCHADME!***

No sé si es que mi grito les ha dado un buen susto o qué, pero el caso es que los cuatro se han girado hacia mí, de modo que no me ha quedado otra que seguir.

Yo: **Veamos... Lucía tiene razón. No es la primera vez que nos pasa algo así, ¿verdad que no?**

Todos, muy lentamente, han asentido.

Yo: **¿No os acordáis de ese túnel en mi habitación que conduce a otros mundos?**

Han asentido de nuevo, con más energía.

Yo: **¿Y no os acordáis de la vez que fuimos al país de las sirenas?**

Ahora, por fin, parecían más convencidos.

Yo: **¿Y del internado embrujado? ¿Y del bosque de las hadas al lado de mi casa? ¿Y verdad que siempre nos las hemos apañado? ¿Verdad que sí?**

Y por fin he visto que, entonces sí, se habían tranquilizado y podíamos comenzar a PENSAR. A PENSAR en cómo solucionar todo este lío.

Yo: **Vale, pues vamos paso a paso. Lo primero: ¿cómo hemos llegado aquí? Y, segundo, ¿dónde es «aquí»?**

Creo que estas eran, de momento, las preguntas más importantes. Nos hemos mirado entre nosotros, pensativos.

Hugo: **A ver, recapitulemos lo que ha ocurrido: estábamos ensayando la escena de la obra en la que pides ayuda a la brújula y de repente hemos aparecido aquí. Pero hemos ensayado esa escena un montón de veces y...**

No ha llegado a acabar la frase, porque de pronto Nico ha dado un salto en el aire. ¡Había encontrado la explicación a lo que había ocurrido!

Nico: **¡Ya lo sé! ¡Ya lo sé! ¡La brújula! O la brújula o el sombrero... Son las únicas cosas que no te-**

níamos las otras veces que ensayamos la escena... ¿De dónde sacaste ese maletín, Martina?

Yo: **Del sótano... Estaba entre un montón de trastos...**

Y en ese momento Sofía me ha interrumpido.

Sofía: ***¡Espera! ¡Yo había visto ese maletín antes!***

Entonces se ha girado hacia su hermana y le ha dicho:

Sofía: ***¿No fuimos al auditorio de la escuela a ver el espectáculo de un mago hace unos meses? ¡Creo que ese maletín es suyo!***

Nico: ***Pero, Sofía, tú sabes que los magos no hacen magia de verdad, ¿no?***

A Sofía no le ha hecho mucha gracia que Nico le haya dicho eso y le ha dado un fuerte empujón en el hombro.

Sofía: ***¡Ya sé que no hacen magia de verdad! Pero quizá este sí. ¿Por qué no? ¡Bien que estamos aquí perdidos!***

Yo: ***Pues también tiene razón... La verdad es que, justo antes de venir aquí, la brújula parecía que se había vuelto loca... Y ahora está normal...***

Se la he enseñado a todos, y, en efecto, en ese momento parecía... solo eso: una brújula normal y corriente. Luego mis amigos y yo nos hemos quedado callados durante un buen rato, porque ninguno, ni siquiera yo, sabíamos qué decir.

Entonces, de repente, Lucía ha dado un respingo.

Lucía: ***¡AY! ¡QUE SI ESTAMOS AQUÍ NO ESTAMOS EN CASA! ¡NUESTROS PADRES DEBEN DE ESTAR SUPERPREOCUPADOS! ¡Y ENCIMA ME VOY A PERDER DEFINITIVAMENTE LA CLASE DE MÚSICA!***

Lo que nos faltaba...

He tenido que pedirles a todos otra vez que se calmaran y, visto que Lucía tenía razón, hemos hecho una lista con las cosas más URGENTES, las únicas que se nos han ocurrido por el momento.

COSAS QUE HACER MIENTRAS ESTAMOS PERDIDOS EN UN LUGAR QUE NO CONOCEMOS Y NO SABEMOS CÓMO REGRESAR A CASA:

- No estresarse. Hemos pensado que si nos poníamos nerviosos todo iría a peor, así que los cinco hemos decidido que eso NO podía pasar.

- Contactar con nuestras familias. Por supuesto NO les hemos dicho que estábamos en... en algún lugar desconocido. Lo que hemos hecho (la idea se le ha ocurrido a Nico) ha sido mandar un mensaje (por suerte, nuestros móviles tenían cobertura) diciéndoles que nos quedábamos a dormir los unos en casa de los otros para preparar la obra de teatro.

Cruzar los dedos muy fuerte para que nuestros padres se lo creyeran.

Averiguar dónde estábamos en realidad, y ver si podíamos arreglárnoslas para regresar a casa...

Este último punto era el más importante, así que nos hemos acercado a la carretera que veíamos desde la cueva. Porque se supone que una carretera siempre lleva a alguna parte, ¿verdad?

Hemos comenzado a caminar. Íbamos bastante lentos, porque no estábamos seguros de ir en la dirección correcta y, además: ¡QUÉ CALOR HACÍA!

Al final, después de un buen rato, nos hemos detenido para recuperar fuerzas a la sombra de un árbol que crecía a un lado de la carretera. Todos nos hemos dejado caer en el suelo, agotados. Todos, salvo Hugo, que parecía superinteresado en observar el tronco y las hojas del árbol. Yo he abierto la boca para preguntarle, pero entonces...

Nico: **¡Mirad! ¡Eso es el mar!**

Y Nico, emocionado, ha señalado una línea de color azulísimo que se veía a lo lejos.

Lucía: **¿Y eso es una ciudad?**

Tenía razón porque, en el horizonte, se veían los tejados de unas cuantas casas...

Entonces Sofía también ha saltado, pero para señalar en dirección contraria.

Sofía: **¡Mirad! ¡Un perrito! ¡Ven, perrito, ven!**

Un perro grande, de color canela, se acercaba corriendo hacia nosotros.

Yo: **¡Ay! ¡Qué bonito! ¿Y si se ha perdido? Pobre perrito... Quizá podríamos llevarlo con nosotros...**

He dado un paso hacia el perro, pero entonces, de repente, Hugo me ha agarrado fuerte del brazo.

Hugo: **Australia. Estamos en Australia.**

Lucía: **¡Anda ya! ¡Australia está lejísimos! Por muy mágica que sea esa brújula, no nos puede haber llevado hasta Australia...**

Hugo: **Que os digo que sí...**

Yo: **Pero ¿cómo puedes estar tan seguro?**

Hugo: **Veamos..., primero, porque hace calor, y Australia está en el hemisferio sur, así que, para ellos, ahora es verano. Segundo, porque creo que este árbol es un eucalipto, y los eucaliptos son árboles australianos.**

Nico: **Pero hay eucaliptos en todas partes, ¿no?**

Hugo: **Sí, sí..., pero igualmente el árbol es originario de Australia. Y... y... hay otra cosa. ¡ESTO NO ES UN PERRO, ESTO ES UN DINGO!**

Yo: **¿Un qué?**

Me he dado la vuelta. El perrito estaba ya mucho más cerca de nosotros. Y era bastante más grande de lo que me había parecido antes.

Hugo: **¡ES UNA ESPECIE DE PERRO SALVAJE!**

Sofía ha dado un salto, contenta:

Sofía: **¡Entonces ES un perro!**

Y no solo el perro estaba ya más cerca, sino que realmente ERA MUY GRANDE ¡Y TENÍA MUCHA CARA DE HAMBRE!

Hugo: **¡ES MÁS LOBO QUE PERRO! ¡CORRED!**

Y hemos corrido. Desde luego que hemos corrido COMO SI NOS PERSIGUIERA EL MISMO DIABLO (o también, por ejemplo, como si nos persiguiera una especie de lobo australiano con una cara de hambre que espantaba). Que estábamos en Australia. Me parecía increíble. Eso es AL OTRO LADO DEL MUNDO, LITERALMENTE.

De vez en cuando, uno de nosotros se daba la vuelta (SIN DEJAR DE CORRER) para ver si el dichoso dingo nos seguía.

Pista: nos ha estado siguiendo UN BUEN RATO, pero al final, muy al final, parece que se ha cansado de perseguirnos y se ha marchado.

Nosotros nos hemos detenido. No, nos hemos dejado caer en el suelo, muertos de cansancio. No sé si había corrido tanto en toda mi vida (porque cuando vives aventuras extrañas con tus amigos, la verdad es que te toca escapar de los peligros a la carrera bastante a menudo), pero desde luego a mí ME LO HA PARECIDO.

Lo bueno ha sido que de tanto correr hemos llegado a la ciudad que habíamos visto desde la carretera y al mar.

¡El mar!

Teníamos tantísimo calor que, aunque agotados, nos hemos levantado (ahora mucho más lentamente, porque, en serio, me dolía todo) y nos hemos puesto en marcha de nuevo. La ciudad a la que habíamos llegado parecía una típica ciudad de playa (sí, una de esas con bloques de apartamentos, un paseo marítimo con restaurantes y tiendas con tablas de surf, con colchonetas hinchables, bañadores y toallas).

Y, definitivamente, por si con lo del dingo no nos hubiera quedado lo bastante claro, resultó que todos los carteles estaban en inglés, incluido uno que ponía WELCOME TO BUNDEENA (es decir, BIENVENIDOS A BUNDEENA, que debía de ser el nombre de esa ciudad) y todas las personas que encontrábamos por la calle hablaban en inglés y, además, nos miraban muy raro, pero nosotros hemos seguido hasta la playa.

Sofía: **Vamos a bañarnos, ¿VERDAD?**

Bueno, Sofía ha hecho la pregunta, pero no ha esperado a que le respondiéramos, porque, como si no lleváramos haciéndolo un buen rato, HA ECHADO A CORRER. Cuando nosotros, a nuestro ritmo, hemos llegado a la playa, nos la hemos encontrado de pie frente al agua, muy quieta y con cara de decepción.

Yo: **¿Qué ocurre?**

Sofía: ***¡Que acabo de darme cuenta de que no tenemos bañadores ni nada! Y sin bañador no podemos bañarnos, ni jugar en la arena ni... ¡ni hacer surf!***

Desde donde estábamos hemos podido ver que había un montón de surfistas en el agua con sus tablas, pasándoselo genial sobre las olas..., pero, claro, tampoco íbamos a tirarnos vestidos al agua...

Yo (un poco triste): ***Pero ninguno de nosotros sabe surfear, Sofía...***

Sofía: **BUENO, ¿PUES NO SERÍA ESTE EL MOMENTO IDEAL PARA APRENDER? ¿Por qué no nos acercamos al paseo marítimo a ver si podemos conseguir unos bañadores?**

A todos se nos ha puesto cara ilusionada. A todos menos a Lucía.

Lucía: **No sé, yo creo que es el momento, sí, pero ¡EL MOMENTO DE BUSCAR UN MODO DE REGRESAR A CASA!**

Yo sabía que, de hecho, Lucía tenía razón, porque aunque nuestros padres ahora estaban tranquilos, pensando que nos habíamos quedado a dormir en casa de alguno de nuestros amigos, ¿qué pasaría al día siguiente? O al otro, si no lográbamos volver... ¿Y la obra de teatro?

Pero aun así...

Es que no se encuentran playas así cada día. Sí, las de mi ciudad son estupendas, pero esta...

Y es que tampoco se llega de forma totalmente accidental al otro lado del mundo cada día...

Yo: ***Oye, Lucía, ¿qué tal si nos bañamos UN POCO y luego ya comenzamos a pensar en serio? ¿Qué te parece?***

No creo que a Lucía le haya parecido buena idea. En realidad, ha puesto cara de que le perecía MUY MALA IDEA, pero tampoco podía hacer nada por evitarlo, porque de todos modos nos hemos acercado al paseo marítimo a explorar entre tiendas de cosas para la playa, y tiendas de recuerdos, restaurantes, negocios de alquileres de tablas de surf y de lanchas de paseo.

Entonces han pasado dos cosas importantes:

UNO: ¡nos hemos dado cuenta de que no teníamos dinero! Es decir, entre todos teníamos UN POCO de dinero, pero en plan dinero encontrado rebuscando en los bolsillos, y eran EUROS, cuando lo que usan en Australia es el dólar australiano...

DOS: cuando nos hemos dado cuenta de que no teníamos dinero, nos hemos deprimido un poco... más, pero entonces Hugo ha visto un cartel de lo más interesante.

Hugo: ***¡Chicos, mirad, hay un ZOO en la ciudad!***

Sofía: ***¿Y?***

Hugo ha dudado un segundo antes de contestar:

Hugo: ***Pues... que no tenemos dinero, pero aquí pone que los menores de dieciséis años tienen***

entrada gratis, así que podemos ir a ver a los animales... En Australia hay una fauna muy distinta a la del resto del mundo. Puede ser muy interesante...

Yo: **¡Pues yo voto por ir al** ZOO**!**

He apoyado la idea porque a mí también me encantan los animales y porque...

No porque sea a Hugo a quien se le ha ocurrido ir al ZOO, CLARO.

En fin, con todos convencidos, hemos seguido las indicaciones de los carteles hasta llegar al ZOO.

Para ser sinceros, suerte que era gratis, porque no ha resultado ser un ZOO muy bonito.

Nada más entrar, nos hemos dado cuenta de que todas las casetas, desde la taquilla de la entrada hasta las que vendían comida, se veían bastante viejas y que los recintos de los animales estaban hechos de cemento y eran pequeños y tristes, tan tristes como los animales.

Hugo: **Esto no debería ser así...**

Y tenían razón, porque he estado en otros ZOOS, y en los buenos, en los de verdad, los animales están bien cuidados y tienen mucho espacio y hay explicaciones sobre cada tipo de animal, qué comen y cómo se comportan. Aquí no había nada de eso. Por no haber, no había ni GENTE. Cuando hemos comenzado a pasear, hemos visto que prácticamente éramos los únicos allí.

Por suerte, teníamos a Hugo, y él nos ha explicado cosas de cada tipo de animal que hemos ido encontrando. Se ve que ese ZOO es sobre todo de fauna australiana, y hemos visto cosas como:

ORNITORRINCOS: son una mezcla rarísima entre nutria y pato. Es decir, es un animal cubierto de pelo, PERO tiene pico y aletas. Y pone huevos.

WOMBATS: son una especie de... no sé cómo describirlo, ¿hámsteres gigantes? Pero en plan muy grandes, del tamaño de un perro. Son supersimpáticos y tranquilos. Hugo encima nos ha contado una cosa un poco... ¿asquerosa? sobre los wombat, y es que (y no me lo estoy inventando) hacen las cacas ¡¡¡CUADRADAS!!! Que no me lo invento. Que las hemos visto. Cuadradas.

SERPIENTES Y ARAÑAS: esta parte del ZOO no me ha gustado tanto (a Nico, sin embargo, le ha FLIPADO y a Sofía también). Se ve que Australia tiene algunas de las serpientes y arañas más venenosas del mundo. Suerte que todas estaban en terrarios de cristal...

AVES: hemos visto emúes, que son una especie de avestruces, y otro pájaro que cuando trina parece que se esté riendo y que tiene el nombre más raro de la historia, porque se llama CUCABURRA (en serio).

KOALAS: son como ositos de peluche adorables. Hugo y yo nos hemos quedado mirando a uno de ellos, que NO PARABA DE MOVERSE y era monísimo, y de pronto, se ha acercado a nosotros. CASI ME MUERO cuando he visto que saltaba del árbol ¡y se iba a colar dentro de mi mochila! Yo me lo hubiera llevado a mi casa sin pensármelo, pero, claro... Robar un koala no está muy bien visto. Antes de que me diera cuenta ha vuelto a su recinto con el resto y no me ha dado tiempo ni de abrazarlo... ¡qué pena!

Y entonces, al final, hemos llegado a una jaula donde había un montón de CANGUROS y nos hemos acercado.

Hugo, durante el recorrido por el ZOO, aunque la idea de entrar había sido suya, se ha ido poniendo cada vez más y más triste, y más y más enfadado, al ver cómo estaban los animales, y ya, junto a la jaula de los canguros, me han dado ganas de darle un abrazo, porque parecía a punto de echarse a llorar…

Pero en ese momento su cara ha pasado de triste a extrañada. Y luego de EXTRAÑADÍSIMA, y luego se ha acercado todavía más a la jaula, para ver mejor a tres canguros que estaban allí, quietos, mirándonos.

Entonces los canguros han comenzado a hacer unos ruidos rarísimos, como resoplidos y gruñidos (bueno, igual eran ruidos NORMALES para un canguro…). Pero en realidad lo más raro ha sido lo que ha dicho Hugo:

Hugo: **Chicos, chicos, os pensaréis que estoy loco o algo, pero…**

Yo: **¿Qué ocurre? ¿Estás bien?**

Hugo: **Los canguros me están pidiendo ayuda para que los saquemos de aquí.**

¿QUE LOS CANGUROS QUÉ?

A VER, si en cualquier otro momento Hugo nos hubiera dicho que puede hablar con los animales, hubiéramos pensado que se lo estaba inventando o que quizá se había dado un buen golpe en la cabeza, pero...

Bueno. Eso. Que habíamos viajado mágicamente a Australia, y yo ya me lo podía creer TODO.

Yo: **Vale...**

Me he quedado mirando a los tres canguros que se nos habían acercado. Y entonces me he dado cuenta de lo GRANDES que eran. Y parecían muy serios, si es que un canguro puede parecer serio.

Nico: **Pero ¿cómo puedes entenderlos?**

Hugo: **¡No lo sé! ¡Les entiendo y ya está! Dicen que antes habían estado contentos en el** *ZOO*, **pero que hace unos años lo compró un empresario que solo quiere ganar dinero y que no gasta nada en arreglarles sus casas, ni en que estén contentos y entretenidos...**

Hugo, un poco estresado ya, se ha quitado el sombrero de mago que llevaba puesto (¡el sombrero del mago!) para abanicarse con él y, de repente, ha exclamado:

Hugo: **¡Eh! ¡Ahora he dejado de entenderlos!**

¡Claro! Enseguida me he dado cuenta de dónde estaba el truco...

Sin avisarle, le he arrebatado el sombrero de copa, y me lo he puesto. Entonces, como por arte de magia, los resoplidos de los canguros se han vuelto palabras...

Me ha hablado el canguro que tenía más cerca, uno grande con una oreja medio caída.

Canguro grande: **Entonces, ¿nos ayudaréis? Sois los primeros humanos que conocemos que nos pueden entender. Llevamos años esperando...**

Yo: **¡Es el sombrero! ¡Es el sombrero del mago, chicos!**

Al fin y al cabo, si una brújula nos ha hecho cruzar el mundo en un abrir y cerrar de ojos...

Otro canguro más pequeño, que hablaba con una voz más fina, ha añadido:

Canguro pequeño: **¡Por favor! Necesitamos sal...**

De repente ya no he entendido nada, pero ha sido porque Lucía me ha quitado el sombrero de mago de la cabeza ¡y se lo ha puesto ella!

Lucía: **Bueno, señores canguros. Lo siento mucho, pero nosotros también estamos en una situación un poco complicada, porque estamos buscando un modo de regresar a nuestra casa...**

Hugo: **¡Pero no podemos dejarlos aquí!**

Parecía muy enfadado y le ha quitado el sombrero de mago a Lucía de un manotazo.

Lucía: **¡Pero tampoco podemos quedarnos! Nuestras familias se van a preocupar y, además, tenemos la obra de teatro en... en... ya no lo sé. En unas horas, eso seguro... Chicos, tenemos que marcharnos, en serio.**

Yo: **Pero ¿cómo podemos volver? Tampoco sabemos...**

Lucía: **Pues... pues no lo sé. Esta es una ciudad muy pequeña, quizá tendríamos que ir a... a... ¿Qué ciudades grandes hay en Australia?**

Nico: **¡Sídney! ¿No es esa que tiene un teatro de la ópera superfamoso?**

Sofía: **Sí, es famoso porque es rarísimo...**

Lucía: **Pues quizá en Sídney tengan... no lo sé. Un aeropuerto tienen que tener, ¿verdad? Y si hay aeropuerto, podemos encontrar algún avión que nos lleve a casa...**

Hugo: **Pero no tenemos dinero. Ni pasaportes. Ni nada...**

Lucía: **¡Pero por lo menos tenemos que intentarlo!**

Nico y Lucía se han mirado y luego han dado un paso en dirección a Sofía.

Y yo sabía, *sabía,* que Lucía tenía razón, pero a la vez he bajado la cabeza, porque me daban tanta pena los canguros y todos los animales del ZOO...

Hugo: **Pues yo me quedo a ayudar.**

¡Ay! ¡Hugo! Lo ha dicho superconvencido, plantando los pies en el suelo y con los puños apretados.

Y yo de repente no he sabido qué hacer. He mirado a Lucía, a Sofía y a Nico, que estaban a mi derecha, y luego a Hugo, solo, a mi izquierda...

No sé por qué mis pies me han llevado hacia la izquierda también.

Yo: **Creo... creo que si estamos aquí, debemos ayudar en lo que podamos...**

Eso no les ha gustado al resto de mis amigos. Lucía, que al fin y al cabo era la que había propuesto que nos fuéramos ya, ha sido la que ha puesto peor cara.

Lucía: **¡Vale! ¡Como queráis! Pero nosotros nos vamos a buscar un modo de volver a casa, ¿verdad?**

Les ha preguntado a Sofía y a Nico.

Si he de ser sincera, no parecían muy convencidos, pero cuando Lucía se ha marchado, ellos la han seguido. Así que nos hemos quedado Hugo y yo...

Hugo: ***Gracias, Martina, gracias de verdad... No sé si vamos a lograrlo, pero estoy seguro de que con tu ayuda va a ser un poco más fácil.***

Quizá porque estaba superemocionado, me ha cogido un momento la mano. Pero como seguía dándome demasiada vergüenza TODO, enseguida me he soltado. Parecía más animado. Parecía, de hecho, PREPARADO para hacer cualquier cosa que fuera necesaria para ayudar a los pobres animales del ZOO...

Se ha puesto el sombrero de mago en la cabeza y entonces, entre los dos, hemos ideado un PLAN.

SIEMPRE HAY QUE TENER UN PLAN PARA SALIR DE LOS EMBROLLOS EN LOS QUE NOS METEMOS, AUNQUE A VECES NO FUNCIONEN ESPECIALMENTE BIEN...

Teníamos que pensar un modo rápido de sacar a los animales del ZOO, porque, aunque Hugo y yo nos hubiéramos separado de nuestros amigos, al fin y al cabo Lucía tenía razón. Teníamos que buscar el modo de regresar a casa...

Lo primero que hemos hecho ha sido dar una VUELTA DE RECONOCIMIENTO, es decir, que hemos dado una vuelta entera al ZOO, que por suerte no era muy grande, para ver cuántos animales había, dónde estaban las puertas de las jaulas y, sobre todo, con cuántos guardias y vigilantes contaba el recinto…

¿Lo bueno? Pues que tampoco había muchos. Hemos contado cuatro: tres guardias y una señora en las taquillas, junto a la puerta de entrada. Luego hemos visto dos trabajadores más que llevaban pantalones y camisa de color marrón, que nos ha parecido que eran los encargados de limpiar las jaulas y de dar de comer a los animales.

Lo más importante: tanto los guardias como los trabajadores llevaban un manojo de llaves colgadas del cinturón. ¡Las llaves de las jaulas! ¡Seguro!

Y mientras hacíamos la vuelta de reconocimiento, Hugo y yo íbamos hablando con los animales explicándoles nuestro plan para dejarlos libres y pidiéndoles su colaboración. Pues sabíamos, sin ninguna duda, que nosotros dos solos JAMÁS lograríamos sacar a todos los animales de allí.

Pero si ellos nos ayudaban... Ah, entonces...

Entonces no había más que hablar.

EL PLAN

UNO: Hugo y yo nos hemos acercado a una enorme pajarera situada en uno de los extremos del parque. Se trataba de una jaula gigantesca y ALTÍSIMA; era lo bastante alta como para que las aves pudieran volar, pero no les era posible escaparse.

Poco a poco, todos los pájaros se han acercado a nosotros y Hugo les ha dicho:

Hugo: **¿Preparados?**

Aunque sus palabras han sonado como el trino de un jilguero.

Supongo que los pájaros ESTABAN preparados, porque todos a la vez se han puesto a trinar, a graznar y a cacarear, y los que más ruido hacían eran la bandada de cucaburras, esos pájaros que tienen un canto que recuerda a una persona riéndose.

Allí, en un momento, se ha montado UN ESCÁNDALO DE AÚPA, y algunos de los pocos visitantes del parque se han acercado a ver qué ocurría. Incluso han venido también los tres vigilantes y uno de los trabajadores de traje marrón.

Yo: **Ahora, Hugo, ahora...**

Les hemos hecho otra señal a los pájaros, que, si antes hacían ruido, en ese momento parecía que se hubieran vuelto locos, y han comenzado a volar, a revolotear, a pegar chillidos y a dar golpes con sus patas en las paredes de la pajarera.

Hugo y yo hemos salido corriendo.

DOS: Hemos salido corriendo, decía, hacia un lugar un poco apartado del parque: EL TERRARIO.

Sí. Era una cabaña baja, hecha de maderas y con el techo de hojas secas de palmera, cuyo interior estaba lleno de terrarios y cajas transparentes con... ARAÑAS, Y ESCORPIONES, Y SERPIENTES Y LAGARTOS ¡¡¡Y COSAS TERRIBLES!!!

Hugo se ha acercado a una de las cajas y, con cuidado, mientras podíamos escuchar todavía los gritos de los pájaros, ha levantado la tapa de ese terrario... y, entonces, media docena de arañas..., no, de arañas, no, de TARÁNTULAS, ¡¡¡PORQUE ERAN GRANDES Y PELUDAS!!!, han comenzado a salir.

A mí no me entusiasman las arañas, pero no me suelen dar miedo. Sin embargo, estas... Hugo nos había contado que eran de una especie a las que llaman tarántulas de Sídney y que eran...

Bueno, me ha dicho que básicamente se trataba de LAS ARAÑAS MÁS VENENOSAS DEL MUNDO.

Hugo: **No nos harán daño, tú tranquila.**

Y, mientras lo decía, ha abierto la tapa de otro terrario, este con unos lagartos de escamas coloridas, y luego de OTRO lleno de serpientes, que han salido arrastrándose la mar de contentas.

Bueno, Hugo me ha dicho que estaban contentas. Yo no lo sé, porque eran SERPIENTES y nunca me había parado a pensar qué cara tiene una serpiente que está contenta, la verdad.

Y así se ha acabado la parte dos del plan, y tocaba llevar a cabo la...

TRES: Hugo y yo hemos salido del terrario y nos hemos ido a un rincón del ZOO un poco alejado a esperar. Al cabo de poco (muy poco, en realidad), hemos oído los primeros gritos de TERROR ABSOLUTO.

Es que, a ver, si yo estuviera en un ZOO y viera de repente un montón de serpientes y arañas y otras bestias supervenenosas campando a sus anchas, también chillaría.

Bueno, primero chillaría, pero luego ECHA-

RÍA A CORRER TODO LO RÁPIDO QUE PUDIERA.

Hugo y yo hemos salido entonces del rincón donde nos habíamos escondido y hemos visto que todo el ZOO estaba PATAS ARRIBA.

Y más importante todavía: que las serpientes, arañas y escorpiones habían rodeado a los guardias y trabajadores. Y eso es importante porque venía el siguiente paso del plan...

CUATRO: De repente, algunas de las arañas se han lanzado contra los guardias y... SE LES HAN METIDO POR DENTRO DE LA ROPA, POR LAS PERNERAS DE LOS PANTALONES, POR LAS MANGAS DE LA CAMISA.

LO SÉ. SI A MÍ ME OCURRIERA, TENDRÍA PESADILLAS UN AÑO ENTERO.

CINCO: El punto cinco del plan ha sido el más fácil de todos. Cuando los guardias del ZOO han empezado a chillar (NORMAL), Hugo y yo hemos aparecido a su lado y hemos gritado con todas nuestras fuerzas:

Yo: ***¡QUÉ HORROR! ¡MIRA POR DÓNDE SE LES ESTÁN METIENDO LAS ARAÑAS! ¿CÓMO VAN A LIBRARSE DE ELLAS?***

Y Hugo ha respondido:

Hugo: ***¡QUIZÁ SERÍA BUENA IDEA QUE SE QUITARAN LA ROPA! RÁPIDO, RÁPIDO, QUE LAS TIENEN EN LA ROPA. ¡QUÍTENSELA ANTES DE QUE LES PIQUEN ESAS ARAÑAS HORRIBLEMENTE VENENOSAS!***

Supongo que, si yo estuviera en la misma situación que esas personas, también haría caso de dos niños extranjeros gritándome que me quitara la ropa.

Porque eso es lo que han hecho. Los guardias, que estaban pálidos y muy muy nerviosos (me sabe mal; bueno, al menos un poquito mal sí me sabe, prometido), han comenzado a desvestirse. No. Han empezado a arrancarse la ropa A TIRONES y a lanzarla por los aires. En ese momento algunos de los visitantes del ZOO han sacado su teléfono y les han hecho fotos.

Y en una de estas, entre camisas y pantalones que volaban por los aires, UN CINTURÓN (un cinturón con, nada más y nada menos, unas LLAVES colgadas) ha caído justo delante de nosotros.

Solo faltaba llevar a cabo el punto **SEIS** de nuestro plan, que era coger esas llaves y abrir el resto de las jaulas.

Y el punto número SEIS del plan ha salido...

Pues la verdad es que ha salido bien (¿no es toda una sorpresa?). Me parece que no podré sentarme en una semana, pero, bueno, creo que ha sido por una buena causa.

Ya teníamos las llaves, sí, pero no sabíamos si íbamos a tener bastante tiempo para averiguar QUÉ LLAVE abría cada jaula...

Aun así, tras mucho probar, hemos podido abrir primero la pajarera, y decenas de pájaros han salido volando mientras nos daban las gracias. Luego hemos abierto las puertas del cercado de los wombats (esos animales que hacen la caca CUADRADA, sí), hemos sacado también a los ornitorrincos y hemos abierto la puerta del recinto de los koalas, que se han marchado tranquilamente.

Hugo: **Muchas gracias, Martina. De veras, no sé cómo...**

Me ha dicho Hugo, mientras cruzábamos por uno de los caminos del ZOO hacia el último sector de jaulas que nos quedaba por abrir.

Yo: ***Pero si no hace falta que me las des...***

Hugo: ***Sí, sí hace falta, porque este lugar es... terrible. La mayoría de los*** *ZOOS* ***modernos cuidan de los animales, tienen programas para reinsertar las especies en su hábitat natural, pero esto... esto es como una prisión...***

Nos hemos detenido, jadeando, al lado de otro grupo de jaulas. Allí ya estaban esperando varios diablos de Tasmania, que han salido disparados nada más verse libres, y luego hemos abierto la puerta de una jaula llena de numbats, que son como una especie de osos hormigueros. (Madre mía, si he aprendido cosas sobre animales australianos en un solo día...)

Yo: ***Bueno, pues tú mismo lo has dicho, este lugar es terrible para los animales y teníamos que hacer algo...***

A esas alturas, solo nos quedaba abrir la jaula de los canguros. Los tres con los que habíamos hablado antes estaban junto a la puerta, dando saltos nerviosos, y una docena más esperaban detrás de ellos.

Hugo: **¡Ahora vosotros! ¡Sí! Sentimos haber tardado tanto, pero ahora...**

He tenido que interrumpirle.

Yo: **Hugo...**

Hugo: **Espera, Martina, que estoy abriendo la puerta, pero es que parece que la llave está atascada...**

Yo: **Hugo... Date prisa.**

En ese momento, además, se me ha comenzado a escapar la risa.

Quizá Hugo tenía razón y era verdad que habíamos tardado demasiado en llegar a la jaula de los canguros, porque los vigilantes del ZOO habían comenzado a darse cuenta de que algo raro estaba pasando, y los cinco guardias estaban acercándose a nosotros...

¡¡¡¡¡¡¡¡¡¡¡¡EN CALZONCILLOS!!!!!!!!!!!!

¡Como para no reírse! Pero a los pobres vigilantes no parecía que les hiciera mucha gracia andar en paños menores por ahí. Me he dado cuenta de ello al ver sus caras de enfadados mientras se iban aproximando a nosotros...

Hugo: **¡Ya está!**

Ha exclamado Hugo cuando, por fin, ¡por fin!, ha podido abrir la puerta de la última jaula.

Lástima que para entonces los guardias ya estaban casi encima de nosotros.

Hugo y yo nos hemos mirado, preocupados. ¡NO TENÍAMOS ESCAPATORIA! ¿O sí?

La mayoría de los canguros han comenzado a salir en tromba de la jaula, pero uno, ese con el que habíamos hablado antes, el de la oreja medio caída, se ha acercado a Hugo dando saltos y le ha puesto una pata en el hombro como si quisiera hablarnos (en serio que no lo parece, pero los canguros son MUY GRANDES. DESDE LUEGO MÁS ALTOS QUE HUGO O QUE YO).

Suerte que, gracias al sombrero, Hugo le ha entendido. No solo eso; ha entendido al canguro y le ha dicho:

Hugo: ***¿Qué? ¿Que quieres que nos montemos dónde?***

Y los guardias estaban acercándose, estaban ya CASI encima de nosotros.

Yo: **¡Hugo! ¡Tenemos que pensar un modo de escapar nosotros también!**

Hugo: **Bueno... Los canguros dicen... dicen que nos montemos en ellos, que nos llevan...**

COSAS A FAVOR DE SUBIRSE A LA GRUPA DE UN CANGURO PARA ESCAPAR DEL ZOO:

- Que ya puedo decir que he cabalgado sobre un canguro.

- Que un canguro tiene pinta de ser muchísimo más rápido que nosotros, y escapar, teniendo a los guardias ya casi encima de nosotros, me parece una SUPERBUENA IDEA.

COSAS EN CONTRA DE SUBIRSE A LA GRUPA DE UN CANGURO PARA ESCAPAR DEL ZOO:

- Que si Hugo o yo nos caemos, nos vamos a partir la crisma.

Y visto el panorama no nos ha quedado otra opción; los guardias ya CASI habían llegado donde estábamos nosotros, además de que gritaban cosas muy poco tranquilizadoras:

Guardias: ***¡ALTO! ¡Detenedles! ¡SON ESTOS DOS QUIENES HAN LIBERADO A LOS ANIMALES! ¡AHORA VAN A VER!***

Hugo se ha encaramado sobre el canguro de la oreja torcida, y le he pasado los brazos alrededor del cuello, como si fuera a caballito.

A mí se me ha acercado otro canguro un poco más pequeñito, resoplando y con muchas ganas de marcharse.

No podía hacer otra cosa, así que, igual que

Hugo, me he subido a su espalda y me he agarrado fuerte a él con piernas y brazos...

¿Habéis ido alguna vez a una feria? ¿Una típica feria de esas de pueblo, o de barrio, donde hay algunas atracciones?

Pues hay una atracción que es supercomún en este tipo de ferias. Es una que tiene un eje central del que salen varios brazos, y al final de estos brazos hay una pequeña cabina con asientos. Cuando la atracción está funcionando, los brazos comienzan a girar alrededor del eje y AL MISMO TIEMPO empiezan a moverse arriba y abajo como si dieran grandes saltos.

¿Nunca habéis probado una atracción así? Es que he tenido la misma sensación montada en el canguro. Todo se movía arriba y abajo y a duras penas podía mantenerme sobre él mientras nos íbamos acercando cada vez más y más y más a la salida del ZOO.

Sí, sí, ¡MÁS CERCA!

Pero entonces me he dado cuenta de que la verja metálica del zoológico, ¡nuestro objetivo!, se estaba cerrando poco a poco...

¡Intentaban encerrarnos dentro!

Yo: **¡HUGO! ¡Tienes que decirles a los canguros que vayan más rápido! ¡Más rápido, Hugo!**

Hugo: **¡Dicen que van todo lo rápido que pueden!**

Aun así, estoy segura de que mi canguro ha pegado un último acelerón. He tenido que abrazarme fuerte, fuertísimo, a su cuello, para no salir despedida, pero seguíamos teniendo a los guardias detrás y la puerta cerrándose delante...

Cada vez más...

¡Pero no ha llegado a cerrarse del todo porque en ese preciso instante han aparecido tres figuras que, a toda prisa, se han colocado al lado de las puertas y las han mantenido abiertas lo justo para que nosotros pasáramos! Y lo mejor: cuando ya habíamos pasado, Nico, Sofía y Lucía han soltado las puertas y ENTONCES estas se han acabado de cerrar de golpe, dejando a los guardias DENTRO del ZOO y a nosotros FUERA.

Yo: **¡Chicos! ¡Chicos! ¡Habéis llegado justo a tiempo!**

Les he dicho mientras me apeaba del canguro que me había llevado a cuestas todo el trayecto.

Lucía: **Bueno, no sé si justo a tiempo. Estábamos todavía en la ciudad cuando de repente un montón de animales de todo tipo han comenzado a correr por las calles, a tirarlo todo y a aterrorizar a la gente. Y hemos imaginado que vosotros dos teníais algo que ver con ello, y como siempre que nos metemos en líos hay alguna parte de nuestros planes que sale mal...**

Sofía: **Una cosa, Martina, Hugo...**

Ha comenzado a decir Sofía y Nico ha añadido satisfecho:

Nico: **Pues hemos decidido venir a echaros una mano. Y, por lo que veo, es una suerte que hayamos llegado justo ahora...**

Sofía: **En serio, es que tengo una duda muy importante...**

Hugo: ***¡Si no fuera por vosotros, nos habrían atrapado! ¡Venga, subid! Los canguros me están diciendo que nos llevarán a un lugar seguro.***

Realmente no había tiempo que perder, así que, cuando tres canguros se les han acercado, Lucía, Hugo y Sofía se han encaramado a sus espaldas, como si fueran caballitos, y todos nos hemos puesto en marcha.

Y mientras lo hacíamos, Sofía ha explotado:

Sofía: ***¡¿ALGUIEN ME PUEDE DECIR POR QUÉ HABÍA UN MONTÓN DE PERSONAS EN ROPA INTERIOR PERSIGUIÉNDOOS?! ¿QUÉ DIABLOS HABÉIS HECHO?***

¡Ay, que me iba a dar la risa otra vez con solo recordarlo! He tenido que apretar fuerte los labios para que no se me escapara una carcajada mientras el grupo de canguros se alejaba a toda velocidad del ZOO y empezábamos a cruzar la ciudad. Y me parece que, por cómo la gente gritaba y se alejaba corriendo de nosotros, no hemos pasado desapercibidos.

Yo: **¡Te lo cuento luego, Sofía, prometido!**

Le he dicho, aprovechando que su canguro y el mío iban uno al lado del otro. Seguíamos dando unos botes inmensos, pero yo ya me iba acostumbrando poco a poco a la forma de correr de mi canguro. No diré que ir en canguro sea cómodo, pero...

Yo: **¿Y vosotros? ¿Habéis logrado descubrir cómo regresar a casa?**

Sofía: **¡No! ¡Ni hemos averiguado cómo regresar a casa, ni hemos ido a la playa ni nada de nada!**

PUES MÁS NOS VALÍA ENCONTRAR UNA SOLUCIÓN... ¡Y PRONTO!

Pues una solución no la hemos encontrado todavía, pero por lo menos...

¡Por lo menos hemos encontrado una playa!

Es decir, no la hemos encontrado nosotros, sino que, después de un buen rato de cabalgar sobre los canguros, han sido ellos los que nos han dejado en una playa. Sofía se ha puesto muy contenta, porque se trataba realmente de una playa PARADISÍACA. Una playa rodeada de acantilados y con la arena blanca blanquísima...

Nos hemos bajado de los canguros un poco mareados y doloridos, y entonces ellos han comenzado a hablar con nosotros. Bueno, han comenzado a hablar con Hugo, y Hugo nos ha ido traduciendo.

Hugo: **Dicen que nos agradecen muchísimo nuestra ayuda y preguntan si, como agradecimiento, pueden hacer algo por nosotros...**

Lucía: **Bueno, no creo que puedan llevarnos saltando hasta casa, ¿verdad?**

Lucía lo ha dicho como si fuera de broma, pero parecía preocupada de verdad. Creo que todos lo estábamos. ¿Contentos por haber ayudado a los canguros? ¡Pues claro! Pero el tiempo se nos echaba encima y no sabíamos cómo...

Sofía: **¡¿Pero quién quiere ir a casa si estamos en una PLAYA como esta?! ¿Qué os parece si nos bañamos, chicos? ¡Yo quiero hacerlo, aunque no tenga bañador!**

Todos nos la hemos quedado mirando. INCLUSO los canguros (no sé si la habían entendido) se han girado hacia Sofía con cara de: «Pero ¿qué hace esta ahora?» (lo que estaba haciendo Sofía, de hecho, era meterse VESTIDA en el agua).

Hugo: ***¡Sofía, espera! ¡Los canguros dicen que en eso sí pueden ayudarte!***

¿Le ha hecho caso Sofía? Pues NO. Porque Sofía es así y a veces..., pues hace cosas un poco locas, y de todos modos ya estaba metida en el agua. Aun así, uno de los canguros se ha acercado hasta la orilla de la playa y ha comenzado a soltar unos bramidos TREMENDOS. No sé, nunca antes había oído los sonidos que hace un canguro, pero este parecía muy enfadado...

Yo: ***¿Qué hace?***

Hugo: ***Pues... está llamando a alguien.***

Nico: ***Pero ¿a quién puede llamar un canguro?***

Yo: ***Pues... Pues... ¡PUES A UNOS DELFINES!***

Que no. Que no es broma. Que de repente hemos visto a lo lejos, en el mar, cinco delfines que se acercaban dando saltos y haciendo piruetas.

Y no solo eso. También LLEVABAN COSAS.

No, eso tampoco es broma. No sé, estaban ocurriendo TANTAS cosas extraordinarias en un solo día... porque cuando por fin los delfines han llegado cerca de la playa hemos visto que llevaban...

CINCO BAÑADORES.

Mejor todavía: CINCO BAÑADORES Y DOS TABLAS DE SURF.

Supongo que han debido ver nuestras caras de alucinados, porque entonces el canguro ha hablado a Hugo, que nos ha dicho:

Hugo: ***Se ve que a veces los bañistas pierden cosas. Dice que los delfines son sus amigos, y que podemos quedárnoslo todo... ¡Eh!***

Hugo ha dicho «eh» porque le he quitado el sombrero de mago de la cabeza y me lo he puesto yo.

Es que al ver los delfines he tenido UNA IDEA.

Yo: ***Disculpen, señores delfines...***

Antes no me he dado cuenta, pero hablar con los animales me deja una sensación rarísima, como un cosquilleo dentro de la cabeza.

Los delfines, entonces, se han girado hacia mí. Nunca había visto un delfín tan de cerca. Tienen los ojos muy oscuros y parecen muy muy listos.

Uno de ellos, el que estaba más cerca de mí, me ha dicho:

Delfín: ***Dinos qué necesitas, pequeña humana. Por haber liberado a nuestros amigos los canguros, estamos en deuda con vosotros.***

Yo: **¿Conocéis... conocéis una ciudad llamada Sídney?**

Los delfines se han mirado entre ellos con esos ojos tan oscuros y luego todos han dicho que sí con sus hocicos.

Otro delfín: **No está lejos la ciudad que los humanos llaman Sídney, no.**

Yo: **Pues... ¿seríais tan amables de decirme en qué dirección se encuentra?**

De nuevo, los delfines han comenzado a intercambiar miradas y se han puesto a cuchichear los unos con los otros, tan bajito que ni siquiera podía entenderlos.

Lucía: **Martina, ¿qué diantres les has preguntado? ¿Qué ocurr...?**

No la he dejado acabar, porque en ese momento los delfines han terminado de discutir entre ellos, como si hubieran tomado una decisión. El que tenía más cerca se ha acercado todavía más, nadando muy despacio, y ha susurrado:

Delfín: **Podemos hacer algo mejor, humana.**

Los delfines entonces han empujado hacia nosotros esas tablas de surf que nos habían traído y los bañadores.

Yo: **Chicos, creo que los delfines proponen... una cosa...**

... ¡Y ES UNA COSA GENIAL!

A VER. CREO QUE AL FINAL TODO EL MUNDO HA QUEDADO CONTENTO.

Lucía, porque los delfines se han ofrecido a llevarnos a Sídney para que desde allí intentemos descubrir cómo volver a casa.

Sofía y Nico, porque nos hemos puesto los bañadores que nos han regalado los delfines, así que, TEÓRICAMENTE, hemos ido a la playa como ellos querían. ADEMÁS, para llevarnos a Sídney, nos han pedido que nos montáramos en las dos tablas de surf que habían traído y nos han remolcado durante todo el trayecto agarrando con los dientes las cuerdas de las tablas, así que, TEÓRICAMENTE TAMBIÉN, hemos surfeado.

Y Hugo estaba contento porque le he devuelto el sombrero de mago y se ha pasado todo el viaje charlando con los delfines.

Y yo..., bueno, pues si todos mis amigos estaban contentos..., ¿cómo podía estar triste?

Hemos estado quizá un par de horas surfeando en medio del océano Pacífico. A medida que avanzábamos, nos encontrábamos con más y más barcos (grandes barcos de mercancías, yates, cruceros y barquitos de pescadores) y nos hemos dado cuenta de que el agua ya no era ni tan azul ni tan limpia.

Hugo: **Nos estamos acercando al puerto de Sídney... ¡Mirad!**

Y ahí estaba, ya muy cerca. Uno de los edificios más famosos DEL MUNDO. Seguro que lo habéis visto alguna vez. Es gigantesco y está en el puerto, cerca del mar, y no se parece a ningún otro edificio que yo haya visto. De hecho, la ópera de Sídney tiene el aspecto de... pues...

No nos hemos llegado a poner de acuerdo, la verdad...

Nico: **¡Parecen las velas de un barco!**

Sofía: **¡Parece una concha marina gigante!**

En lo que sí hemos coincidido todos ha sido en que el teatro de la ópera (que, digo yo, se harán más cosas que ópera, ¿no?) era muy bonito.

Sofía: **¡Chicos, chicos!**

Ha chillado Sofía en cuanto los delfines nos han dejado en el puerto, muy cerca de la ópera.

Sofía: ***¡Chicos, aquí! ¡Vamos a hacernos una selfi aquí!***

Lucía: ***¡Pero estás loca! ¡¿Y si alguien la ve?!***

Y a mí me ha parecido que Sofía no ha entendido la pregunta porque se ha encogido de hombros y ha dicho:

Sofía: ***Bueno..., para eso es una selfi... ¡Para que se vea!***

Lucía ya comenzaba a perder la paciencia. Parecía enfadada como una mona, con los puños cerrados y el ceño fruncido...

Lucía: **¡Pero si nos hacemos una selfi y la cuelgas por ahí, entonces la gente sabrá en qué lío nos hemos metido! ¿Cómo vamos a explicar que estamos en Sídney?**

Sofía: **Pues les decimos que hemos tuneado la foto con Photoshop para que parezca que estamos en Sídney y ya está...**

Lucía se ha quedado callada, con el ceño fruncido y muy muy muy pensativa.

Pero muy pensativa.

Los demás, de hecho, también nos la hemos quedado mirando. Yo incluso me he temido lo peor, en plan que Lucía iba a estallar en un ataque de rabia o algo así, pero la verdad es que, al cabo de unos segundos...

... ¡Se ha echado a reír!

Lucía: **¡Pues tienes razón, Sofía! ¡No lo había pensado!**

Ha dicho mientras buscaba su móvil en la bolsa donde habíamos metido nuestras cosas antes de subir en las tablas de surf.

Lucía: ***A ver, juntaos todos bien, ¡que nos hacemos la foto!***

Y nos hemos apretujado, y Lucía, con el brazo muy estirado, ha hecho una selfi... Yo creo que hemos quedado MUY BIEN, ¿verdad?

Yo en ese momento me sentía, creo, un poco más animada que antes. Por lo menos ya no estábamos perdidos en un pueblecito de costa, sino en una gran ciudad, y en una gran ciudad como Sídney estaba SEGURA de que íbamos a encontrar un modo u otro de volver. Además, eso significaba que podríamos explorar un poco... A ver, que estaba de acuerdo con Lucía en que teníamos que regresar cuanto antes a casa por nuestras familias y también POR LA OBRA, que la verdad es que me hacía mucha ilusión porque era la protagonista..., pero, a la vez, es que siempre siempre siempre estoy dispuesta a explorar un poco.

Al fin y al cabo, en todas nuestras aventuras (y hemos vivido ya unas cuantas, ¿verdad?), por muy mal que lo hayamos pasado, por mucho miedo o angustia o muchos problemas en los que nos hayamos metido, siempre hemos salido adelante y, lo que es más importante, siempre lo hemos pasado BIEN.

Yo: ***Bueno, a ver. Propongo que nos acerquemos a la ciudad, al centro, y busquemos...***

Lucía: **¡Información sobre transportes públicos, y sobre cómo llegar al aeropuerto!**

Nico: **Pues... si tenemos que regresar en avión, me parece que tendremos que buscarnos también un trabajo o algo para ganar dinero...**

Sofía: **¡Pero un billete de avión debe de ser carísimo, así que imaginad CINCO! ¡Tendríamos que trabajar durante meses!**

Hugo: **Eh..., chicos, no podemos trabajar. Somos niños.**

Sofía: **Anda, pues es verdad...**

Y, conociéndolos, no se iban a poner de acuerdo jamás, así que he tenido que ponerme seria.

YO: **BUENO, CHICOS, ¿no os parece que es mejor dejar de discutir y ponernos en marcha? Además, no sé vosotros, pero yo ME ESTOY MURIENDO DE HAMBRE.**

Como respuesta, casi al unísono, los estómagos de TODOS se han puesto a rugir, pero es que ¡llevábamos horas sin comer! Mis amigos y yo nos hemos mirado. Nico ha hecho una última foto a la Ópera de Sídney y luego los cinco hemos comenzado a caminar hacia el centro de esa ciudad inmensa.

QUÉ VER Y QUÉ HACER EN SÍDNEY

Curiosidades:

- En Sídney viven casi cinco millones de personas (¡flipante!).

- ¡Aunque lo parezca, NO es la capital de Australia!

- La capital de Australia es una ciudad que se llama Canberra y no es ni la mitad de la mitad de famosa, creo yo. (Buah, de hecho, la de TRABAJO que hemos tenido para convencer a Nico de que esto es verdad...)

- Sídney es supermoderna para lo que estamos acostumbrados en Europa, pero aunque para nosotros sea bastante moderna, ¡es la ciudad más antigua de Australia! La fundó un señor inglés en el año 1788.

☆ Y, de hecho, fundó la ciudad como una colonia penitenciaria. Es decir, como una especie de cárcel.

Lugares de interés:

☆ La ópera (vista).

☆ El puente del puerto, que es superantiguo y está hecho de hierro y tal (lo hemos cruzado para ir al centro).

☆ Las playas de Sídney. No las hemos visto todas porque la ciudad tiene como CINCUENTA, pero un par sí...

☆ Chinatown, el barrio chino. Sídney es una ciudad muy cosmopolita y hay gente que viene de todos los lugares del mundo.

The Rocks, el barrio más antiguo de Sídney.

De hecho, ha sido en ese barrio, en The Rocks, entre casitas bajas con jardín, calles supertranquilas y edificios que parecen antiguos, que hemos descubierto una pista importante, fundamental, para seguir con nuestra aventura.

Había una casa muy muy estrecha entre otras dos, más altas y esbeltas. Y en esa casa, en los bajos, había una tiendecita diminuta.

Yo: **CHICOS, CHICOS, CHICOS, aquí pone: TIENDA DE ARTÍCULOS DE MAGIA DEL DOCTOR CROWLEY. ¡SI ALGUIEN PUEDE DESCIFRAR CÓMO FUNCIONAN LOS OBJETOS QUE NOS TRAJERON AQUÍ...!**

Los cinco nos hemos quedado muy quietos mirando aquella tienda. Tenía el escaparate lleno de objetos raros: minerales, colgantes con símbolos estrafalarios, barajas de cartas del tarot, velas... Y todo, además, estaba cubierto por una capa gruesa de polvo. De hecho, la tienda estaba a oscuras y no podíamos ver lo que había dentro...

Para ser sincera, daba un poco de miedo, pero ¿qué otra opción teníamos?

Lucía: **Creo que deberíamos entrar...**

Sofía: **¿No os da como mucho mal rollo? Mirad cuánto polvo... Quizá ni siquiera hay nadie...**

Lucía: **Da mal rollo, pero ¿y si nos pueden dar información valiosa? ¿Y si...?**

Yo: **Eso, eso. Tienes toda la razón, Lucía, y por eso creo... ¡Por eso creo que deberías entrar tú primera!**

No le ha dado tiempo ni a protestar, pobre Lucía, porque Nico se ha apresurado a abrir la puerta y los demás la hemos empujado dentro de la tienda.

[La verdad es que daba un poco de miedo...]

He dicho que por fuera la tienda de magia se veía lúgubre y llena de polvo, ¿verdad? Pues por dentro era todavía peor.

Hemos entrado todos detrás de Lucía (además, ella es un año mayor, así que tenía TODA LA LÓGICA que fuera la primera en entrar) y nos hemos quedado muy juntos y apretujados, con la boca muy abierta. No creo que la tienda fuera muy pequeña, pero lo parecía. A ambos lados de donde estábamos, había unas estanterías enormes, altas hasta el techo y llenas de todo tipo de trastos. Tan llenas que parecía que de un momento a otro iban a derrumbarse encima de nosotros.

Hemos podido ver cajas de cartón y de madera pintadas con símbolos extraños y sombreros de copa como los que llevan los magos, candelabros con velas de color negro, una colección de botellas con líquidos de colores extraños dentro, ramilletes de hierbas secas, libros de todos los tamaños y...

Sofía: **¡Puaj, qué asco! ¡Mirad!**

Ha dicho de repente, señalando a un lado de las estanterías.

En uno de los estantes, había un montón de palomas blancas y conejos, el tipo de animales que un mago saca de la manga o de su sombrero, pero no se movían. Parecían estatuas, pero...

Nico: ***¡Están disecados! Sí que dan asco, sí; pero, chicos, aquí hay unos libros que...***

Lucía, que seguía delante de todos, ha dado un paso hacia atrás.

Lucía: **¿Qué tal si nos vamos, eh? ¿Qué os parece?**

A mí me parecía una idea ESTUPENDA, pero no ha podido ser, porque entonces hemos oído una voz.

VOZ MISTERIOSA: ***Bueno, bueno, bueno, si tenemos aquí a un grupo de clientes. Soy el señor Crowley. ¿En qué puedo ayudaros?***

Entonces nos hemos fijado de que al fondo, entre las estanterías, había un pequeño mostrador. ¡Ni siquiera lo habíamos visto antes por culpa de todos los trastos que se acumulaban en las paredes y en el suelo de la tienda! Y tampoco habíamos visto a un señor, pequeño y arrugado, que había detrás.

Lucía: **No, no, si nosotros ya... ya nos íbamos...**

Yo (susurrando): **Lucía, no seas miedica...**

Entonces, el señor, que imagino que sería el propietario de la tienda, nos ha sonreído. Lo normal es que si alguien sonríe parezca más simpático, pero en ese caso ha sido al contrario, y Lucía ha dado otro paso hacia atrás, aplastándonos.

Y por si el señor no diera suficiente mal rollo, se ha inclinado un poco hacia delante en el mostrador y de repente ha dicho:

Señor Crowley: ***Veo que estáis perdidos, ¿no? Estáis perdidos y, además, muy muy lejos de vuestra casa, y habéis entrado aquí en busca de consejo y de guía.***

¿QUE ESTÁBAMOS PERDIDOS Y ADEMÁS MUY LEJOS DE NUESTRAS CASAS? Mis amigos y yo nos hemos vuelto a mirar, alarmados. ¿Cómo podía haberlo adivinado? ¿Qué estaba pasando? ¿Acaso nos había leído el pensamiento? ¿Se trataba de un truco de magia?

Me han comenzado a temblar las piernas, pero a la vez... a la vez he pensado que ya no teníamos nada que perder, así que en ese momento he dado un paso hacia delante.

Yo: ***Pues mire, sí. Hola. Veníamos... veníamos a hacer una consulta, eso. Una consulta rápida...***

Me he acercado todavía un poco más al mostrador, y entonces me he girado hacia mis amigos y les he hecho un gesto para que me siguieran.

El señor de la tienda, el señor Crowley, se ha inclinado un poco más hacia delante. Seguía con esa sonrisa extraña. No era una sonrisa simpática, sino más bien..., no sé cómo describirla... Me ha recordado a la sonrisa de Sofía cuando hace de lobo en nuestra obra de teatro y está a punto de comerse a la abuela de Caperucita Roja...

Señor Crowley: ***¿Y bien?***

Con cuidado, con mucho mucho cuidado, he sacado la brújula mágica del bolsillo. Al principio quería dejarla tal cual en el mostrador para que el señor Crowley la cogiera, pero lo he pensado mejor y solo se la he enseñado.

Detrás de mí he oído un ruido. Era Hugo, que se ha acercado con el sombrero que le permite hablar con los animales en la mano.

Y el señor Crowley por fin ha dejado de sonreír de esa manera tan inquietante. Se ha llevado la mano a la barbilla y ha murmurado:

Señor Crowley: **Hum..., qué interesante...**

Yo: **Hemos... hemos encontrado esto, y nos estábamos preguntando cómo...**

El señor Crowley ha acercado una mano hacia la brújula (una mano arrugada, como esquelética, y con unas uñas muy largas), pero yo no le he dejado que la cogiera.

Señor Crowley: **¿Cómo funcionan? Estoy seguro de que ya sabéis cómo funcionan o, al menos, ya sabéis que funcionan, ¿verdad? ¿Me equivoco? ¿De dónde los habéis sacado, eh? A mí podéis decírmelo...**

Otra vez con eso. Nos ha mirado a todos, como si supiera perfectamente lo que estábamos pensando.

Hugo: **No, no, solo teníamos curiosidad. Encontramos... estos objetos y solo queríamos saber un poco más sobre ellos. Eso. ¿Verdad, chicos?**

Mientras los demás decían que sí muy flojito, Hugo se me ha acercado para susurrar:

Hugo (susurrando): ***Martina, este tipo me da muy mala espina. ¿Y si intenta quedarse con el sombrero y la brújula? Hay que ir con cuidado...***

El señor Crowley entonces ha sacudido la cabeza. Estaba segura, segurísima, de que no se había creído ni media palabra de lo que había dicho Hugo.

Señor Crowley: ***Bien..., por lo que puedo ver, este sombrero que traéis es un clásico sombrero de mago, del tipo que se usa para hacer trucos con animales... Y este parece que debe ir muy bien para eso...***

(¡Claro! Si tienes que sacar un conejo de un sombrero, una paloma o cualquier otro animal, hablar con ellos ha de ser de GRAN ayuda.)

Señor Crowley: ***Y por lo que respecta a esta brújula... Es curioso. Parece que sirve para*** VIAJAR***... si se dicen las palabras mágicas adecuadas...***

Lucía ha gritado de repente:

Lucía: ***¡Pero nosotros no hemos dicho ninguna palabra mágica!***

TODOS nos la hemos quedado mirando al mismo tiempo. ¡A quién se le ocurre! Prácticamente acababa de confesar delante de ese señor tan raro que sí, que habíamos usado la brújula para VIAJAR...

Yo lo he intentado arreglar:

Yo: ***Es decir, hemos venido aquí a preguntar solo por curiosidad, claro que no hemos dicho ninguna palabra mágica, porque todo el mundo sabe que esto es... eh..., que no existe la magia.***

El señor Crowley, que hasta entonces había hablado bastante bajito y muy tranquilo, se ha puesto de pie y ha comenzado a gritar:

Señor Crowley: ***¡¿Que no existe la magia?! ¿Que no? ¿Y esto qué es, eh? ¿Qué?***

Con esa mano larguirucha ha empezado a señalar a su alrededor, a los libros, a las cajas y a las botellas. Yo estaba como hipnotizada, mirándolo, y por eso no he podido esquivarlo cuando de repente me ha agarrado por la muñeca mientras seguía gritando:

Señor Crowley: ***¿Y no es mágico eso que tienes en la mano? A mí no me vais a engañar... ¿Cuánto queréis por la brújula? ¿Y por el sombrero? Puedo pagaros mucho dinero... Dime, niña, ¿cuánto?***

No he sabido contestarle. No he PODIDO contestarle, aunque por dentro me bullían las palabras: quería decirle que NO me tocara, que NO le había dado permiso para hacerlo, que ME DEJARA EN PAZ, pero estaba aterrada. Aterrada y avergonzada y confundida. El señor Crowley de repente ha tirado de mi muñeca con más fuerza, todavía gritándome, y yo he cerrado los ojos, quería que me soltara de una vez y entonces...

PLAFFFFFFFFF

Por fin, ya nada me aprisionaba. He abierto los ojos y he visto a Lucía a mi derecha y a Sofía a mi izquierda, con sendos libros gordísimos en las manos..., y al señor Crowley con los ojos bizcos y medio atontado, como si, POR EJEMPLO, mis amigas acabaran de darle en la cabeza con un par de libros gruesos como mi brazo.

Para confirmarlo, Sofía, enfadada, le ha gritado:

Sofía: **¡Así aprenderá!**

También he visto a Hugo, con cara de preocupado:

Hugo: **Vamos, vamos, nos marchamos de aquí...**

El propietario de la tienda de magia parecía todavía medio noqueado cuando mis amigos y yo hemos salido en tropel a la calle. A mí todavía me latía el corazón a mil, seguía asustada y con ganas de llorar por lo que acababa de ocurrir, pero algo me ha distraído: Nico ha salido el último de la tienda y, cuando por fin nos hemos detenido varias calles más lejos, me he fijado en que llevaba una cosa en la mano...

De hecho, Nico llevaba un libro.

NICO: **Bueno, he estado curioseando mientras vosotros hablabais con ese señor tan desagradabe y he visto esto..., y he pensado que quizá nos podía ayudar más que ese tipo...**

Una obra titulada: *El verdadero libro de la magia verdadera: manual de uso práctico para la realización de trucos, hechizos, encantamientos y maldiciones.*

Durante mucho rato nos hemos quedado mirando el libro sin atrevernos siquiera a abrirlo. Solo leíamos el título una y otra y otra vez.

El verdadero libro de la magia verdadera: manual de uso práctico para la realización de trucos, hechizos, encantamientos y maldiciones.

Aún sin hacer nada, nos hemos alejado un poco más de la tienda (porque: ¿y si el señor Crowley nos seguía?, ¿y si se le ocurría ir a por nosotros?) y hemos llegado a un parque muy grande, tanto que parecía un verdadero bosque, con árboles altísimos y zonas de césped. Nos ha parecido el lugar ideal para escondernos y hemos ido a sentarnos en un rincón. Nos hemos puesto en círculo, con el libro en el centro.

Y, otra vez, ninguno de nosotros parecía dispuesto a abrirlo. Ni siquiera yo, porque si una brújula mágica nos había metido en este lío, ¿QUÉ NOS PODRÍA PASAR CON UN LIBRO? Pero ¿qué otra cosa podíamos hacer?

Así que me he inclinado y he cogido el libro con mucho cuidado.

Y no ha pasado nada. Ni siquiera un cosquilleo como el que había sentido cuando viajamos con la brújula o al ponerme el sombrero de mago. Era un libro y nada más. Un libro de magia, claro, pero no un libro mágico.

Poco a poco, Sofía, Lucía, Hugo y Nico se han colocado a mi alrededor. He comenzado a pasar las páginas una por una; me daba un poco de miedo porque el libro se veía viejísimo y parecía que en cualquier momento se iba a romper, pero aun así hemos comenzado a leer.

Y, sí, en el libro había un montón de hechizos, hechizos DE VERDAD. Hemos encontrado uno para provocar lluvias y tormentas, y un encantamiento para convertir el plomo en oro, y otro para convertir personas ¡¡¡EN RANAS!!!, como en los cuentos.

(He tenido que pasar rápido la página porque a Nico ya se le había ocurrido la idea loca de probarlo.)

Otra página que he tenido que pasar muy muy rápido ha sido una en la que ponía: «ENCANTAMIENTO DE AMOR. CONQUISTA A LA PERSONA A LA QUE QUIERES EN DIEZ SENCILLOS PASOS», porque Sofía se ha puesto a reír por lo bajo y Lucía me ha dado un codazo en las costillas.

Yo: **Pero, bueno, ¿es que no encontraremos nada que nos sea útil?**

Sofía: **Bueno, a mí esto sí me parece útil...**

Ha dicho Sofía, y se ha puesto a reír otra vez.

Por suerte, al final lo hemos encontrado. Casi en la última página.

VIAJES MÁGICOS
Y DESPLAZAMIENTOS PRODIGIOSOS,
UNA GUÍA COMPLETA

El desplazamiento o viaje mágico es uno de los hechizos más útiles para un mago. Tal encantamiento es capaz de trasladar al oficiante y a un grupo reducido de personas a grandes distancias en apenas unos segundos.

ADVERTENCIA: *una mala práctica del encantamiento puede tener efectos indeseados, como la pérdida o desaparición de objetos personales, ropa o partes del cuerpo durante el traslado.*

Puede producir mareos.

ELEMENTOS NECESARIOS:

- *Un objeto mágico imbuido con el poder de trasladar a personas o cosas.*

- *Un círculo de invocación mágico en forma de estrella de cinco puntas.*

- *Palabras detonantes que expresen la voluntad del mago de viajar a otro lugar.*

Bien realizado, el encantamiento de «viaje mágico» es rápido y efectivo. Una advertencia, sin embargo: para llevar a cabo el viaje de regreso, es imprescindible reproducir con exactitud las mismas condiciones que para el viaje de ida.

YA lo teníamos. Por fin (¡POR FIN!) sabíamos cómo regresar...

Yo: **Lo tenemos todo, ¿verdad? El objeto mágico tiene que ser la brújula y..., ¡y claro!, lo de las palabras detonantes tiene que ser el guion de la obra de teatro. Justo llegamos aquí cuando en la obra yo decía que quería** viajar**...**

Sofía: **Lo que no entiendo es eso del «círculo de invocación mágico en forma de estrella de cinco puntas».**

Ha murmurado Sofía, pero yo enseguida me he puesto de pie y he comenzado a tirar de los demás para que hicieran lo mismo.

Yo: ***¡Sí! ¡Mirad! Allí en el auditorio de la escuela, ¿no os acordáis cómo nos hemos colocado?***

Entonces he empujado a Sofía hacia un lado, a Lucía hacia el otro, y luego a Nico y a Hugo, hasta que nos hemos quedado en la misma posición que estábamos durante el ensayo de teatro.

Y resulta que estábamos formando un círculo. De repente, Hugo ha abierto mucho los ojos.

Hugo: ***¡Ya lo entiendo! ¡Así puestos, si trazáramos una línea del uno al otro, nos saldría una estrella de cinco puntas! ¡Tenemos todo lo que necesitamos para volver a casa, y lo hemos tenido siempre!***

Todos nos hemos puesto muy contentos. De hecho, Sofía y Lucía se han abrazado, dando saltitos. Solo Nico parecía un poco, un poquito DE NADA, preocupado...

Nico: ***Ejem... No soy el único que he leído eso de que uno de los efectos secundarios del*** viaje ***es PERDER PARTES DEL CUERPO, ¿verdad?***

Yo: ***Bueno, es un riesgo que tenemos que asumir...***

Nico: ***A ver, Martina, yo preferiría no quedarme sin un brazo, o sin una pierna, o sin, ya sabes, la cabeza...***

Ha comenzado a decir Nico, pero enseguida Lucía y Sofía lo han agarrado por los hombros.

Sofía: **Bueno, para lo que usas tú la cabeza a veces...**

Lucía: **Yo creo que está decidido, ¿eh? Tenemos que intentarlo al menos... Porque, si no, ¿qué opciones nos quedan?**

Lucía ha hecho la pregunta, aunque todos sabíamos la respuesta: ninguna. No teníamos dinero para comprar billetes de avión ni teníamos pasaporte para viajar...

Nico seguía haciendo mala cara (aunque no sabía si por los efectos secundarios del hechizo o por lo que le había dicho Sofía), pero se ha puesto, como los demás, en círculo. Yo he sacado la brújula del bolsillo y, después de asegurarnos de que lo teníamos todo listo, hemos comenzado a representar allí, en aquel parque de Sídney, nuestra obra de teatro.

Primero, la parte en que mi personaje, la exploradora, llega al cuento de Caperucita Roja. Luego, la parte en que, un poco sin querer, frustra los planes del lobo de zamparse a la abuela.

Todo el rato he estado atenta a si sentía ese

cosquilleo que he sentido en el escenario del cole o a si las agujas de la brújula se volvían locas.

Hemos llegado a la parte final de la escena, esa parte en la que Sofía, haciendo de lobo, quiere echarse encima de mí y yo digo:

Yo: ***¡Brújula, brújula maravillosa! ¡Ayúdame a poner pies en polvorosa!***

Entonces creo, CREO, haber sentido ese cosquilleo, y cuando he mirado la aguja de la brújula encantada, he visto que se tambaleaba un poco...

Y nada más. No ha ocurrido nada en absoluto. ¡Qué fracaso! ¿Por qué? ¿Qué hemos hecho mal?

Hemos vuelto a leer el capítulo del libro mágico.

Hemos vuelto a representar la obra, fijándonos bien en cómo nos colocábamos y en cómo decíamos cada una de las frases, pero nada. Seguíamos perdidos en un parque en Sídney, Australia.

Yo: **¡No, en serio! ¡¿Qué estamos haciendo mal?!**

Se me ha escapado al final. Estaba tan cansada, y frustrada que las palabras me han salido en forma de grito, y mis amigos no estaban mucho mejor...

Hugo: **Pero si hemos recitado el texto...**

Nico: **Y nos hemos puesto en círculo.**

Sofía: **Y teníamos la brújula y el sombrero mágicos...**

Ha sido Lucía quien, pensativa, ha dado en el clavo:

Lucía: **Chicos, si en el libro de magia dice que para regresar tenemos que hacerlo TODO igual..., he pensado... que hay algo de lo que nos hemos olvidado.**

Cuando todos nos hemos callado para escucharla, ella ha continuado, señalando a su alrededor:

Lucía: **¿Alguno de vosotros se acuerda de qué hora era cuando llegamos aquí?**

Nico: **Serían... ¿sobre las siete? ¿O algo así?**

Se ha quedado pensativo un momento, pero entonces se ha girado hacia Lucía y le ha dicho:

Nico: **¿Tú no habías mirado la hora justo antes de que nos pusiéramos con la obra?**

¡Y tenía razón! ¡SÍ había mirado la hora! ¡Si Lucía no había parado ni un segundo de recordárnosla porque tenía clase de música!

Yo: **¡Ya me acuerdo! ¡Lucía dijo que eran las siete y veintitrés!**

Lucía: **¿Veis? Luego os quejáis de mí, pero ahora ya sabemos a qué hora tenemos que hacer el hechizo, y... y se me acaba de ocurrir otra cosa. Estamos en un parque, pero cuando llegamos aquí, ¡lo hicimos desde un teatro!**

Hay que reconocer que lo que decía Lucía tenía mucho sentido. Y el libro lo decía bien claro: para que el hechizo de retorno funcionara, teníamos que reproducir EXACTAMENTE las mismas condiciones que cuando hicimos el primer viaje hasta Australia.

Aun así, enseguida me he dado cuenta de que había algunos problemas...

Yo: **Vale. Bien. Solo hay un pequeño problema: no tenemos acceso a ningún teatro... ¡Ni siquiera sabemos dónde hay un teatro por aquí!**

Entonces he oído la voz de Hugo, como dubitativa:

Hugo: ***Bueno, a decir verdad, sí que sabemos dónde hay UN teatro por aquí...***

Me he girado hacia él. Hugo se había alejado un poco de nosotros y señalaba algo, un edificio blanco que se veía entre los árboles del parque.

Un edificio con una forma rarísima, con un techo picudo que parecía un barco de vela o un montón de conchas marinas...

¡EL TEATRO DE LA ÓPERA DE SÍDNEY!

NOS HEMOS PUESTO EN MARCHA ENSEGUIDA. SE ESTABA HACIENDO TARDE Y TENÍAMOS QUE CONSEGUIR ENTRAR EN EL TEATRO COMO FUERA... ¡ANTES DE QUE FUERA DEMASIADO TARDE!

Pues no nos han dejado entrar. Así de simple.

Hemos llegado a la puerta del teatro de la ópera, en el puerto. Para hacerlo hemos tenido que caminar un buen rato y hemos empleado ese tiempo para pensar en modos de entrar en la Ópera: podíamos, quizá, colarnos con algún grupo que estuviera haciendo una visita turística por dentro del teatro, porque yo estaba segura de que en edificios importantes como ese se hacían visitas guiadas, o tal vez podíamos entrar por alguna puerta lateral o, incluso, simplemente, podíamos acercarnos a la puerta y pedir A GRITOS que nos dejaran entrar (este era nuestro último recurso).

Pero no hemos podido hacer nada de eso, porque cuando por fin nos hemos acercado a la puerta, allí había MUCHÍSIMA GENTE vestida de gala.

Nico: **¡Estrenan una obra! ¡Mirad!**

Ha dicho, señalando a la marquesina que había sobre la puerta principal.

ESTRENO DE LA OBRA
***EL CASCANUECES* A CARGO DEL**
BALLET NACIONAL DE AUSTRALIA
Y DE LA ÓPERA DE SÍDNEY.

Sofía: ***Vale, no nos pongamos nerviosos... ¿Y si aprovechamos que hay toda esta gente para colarnos?***

Y lo hemos intentado, sí. *Intentado* es la palabra. Cuando hemos llegado a la entrada, donde dos señoras de uniforme recogían las entradas de los invitados..., pues nos han echado, porque, CLARO, no teníamos entradas.

Luego hemos probado eso de dar un rodeo buscando una puerta lateral abierta, y no hemos encontrado NINGUNA.

¿Y lo de gritar muy fuerte que nos dejaran entrar? Pues ya os podéis imaginar lo POCO que ha servido eso.

Nos hemos quedado fuera, en una zona de parque a la orilla del mar, derrotados.

Lucía: ***¿Y ahora qué? Son ya casi las siete... No tenemos tiempo de encontrar otro teatro por aquí cerca...***

Hugo ha sacado su móvil del bolsillo del pantalón y le ha echado una ojeada.

Hugo: **Pues... Pues yo estoy agotado. ¡No hemos dormido en toda la noche!**

Nico: **Claro que no, porque no es de noche todavía...**

Hugo: **Claro, porque hemos venido aquí, y en Australia son DOCE horas más que en España. Para nosotros serían las siete de la mañana, a esta hora estaríamos despertándonos para ir a la escuela...**

Entonces Nico ha dado un bostezo gigantesco, como si las palabras de Hugo le hubieran recordado cuánto sueño tenía.

Yo he sacudido la cabeza. También tenía sueño, y estaba agotada y abatida, pero una cosa tenía clara: habíamos tocado fondo y, cuando uno toca fondo, solo puede ir hacia arriba otra vez.

Yo: **Algo se nos ocurrirá, seguro...**

Aun así, mis amigos no han dicho nada... Nos hemos quedado los cinco quietos, mirando el mar, que ya estaba de color azul oscuro porque comenzaba a ponerse el sol.

En ese momento, hemos visto una silueta oscura y alargada dentro del agua.

Yo: **Un momento...**

Me he puesto de pie. Sospechaba qué era esa silueta oscura, y le he quitado el gorro de mago a Hugo de un manotazo.

Yo: ***¡Eh! ¡Eh, tú! ¡Disculpa! Le he gritado a la sombra.***

De repente, un hocico alargado ha salido del agua y dos ojos muy oscuros se nos han quedado mirando. ¡Era un delfín! ¡Uno de los que nos habían ayudado a llegar hasta Sídney!

Delfín: ***¡Si son los pequeños humanos! ¿Todavía estáis aquí? ¿No teníais que regresar a vuestra casa?***

Yo: ***¡Sí! Tenemos que hacerlo, pero necesitamos entrar en el teatro de la Ópera para hacerlo, y no podemos...***

El delfín ha abierto la boca. Los delfines tienen el hocico lleno de dientes pequeñísimos; parecía que estaba pensando, pero luego ha vuelto a sumergirse y ha resoplado con fuerza.

Delfín: **Poco puedo hacer yo o alguno de mis hermanos delfines por ayudaros ahí en tierra, pero quizá algunos de los animales que viven en la ciudad os puedan echar una mano...**

A mí, de golpe, se me han abierto mucho los ojos. ¡Claro!

Yo: **Pero... ¿crees que van a ayudarnos?**

El delfín ha vuelto a resoplar por el respiradero que tenía en lo alto de la cabeza, pero esa vez ha sido como si se riera.

Delfín: **¡Por supuesto! ¡Las noticias viajan rápido en el mundo de los animales! Vuestra gesta de esta mañana, cuando habéis liberado a nuestros compañeros, se ha hecho famosa. Seguro que si lo pedís amablemente, los animales de Sídney estarán encantados de echaros una aleta...**

Los animales de Sídney..., ¡claro! Le he dado las gracias al delfín, que ha saltado fuera del agua con una pirueta y luego se ha alejado nadando.

Entonces me he dado la vuelta hacia mis amigos, que lo miraban todo alucinados porque, claro, ¡no habían entendido una palabra de lo que había dicho el delfín, de modo que se lo he traducido todo!

Lucía: **¿Pues a qué esperamos? Vamos a ver qué animales hay aquí que puedan ayudarnos...**

ESTA VEZ TAMPOCO TENÍAMOS NI IDEA DEL LÍO QUE ÍBAMOS A MONTAR...

En serio, no teníamos ni la más remota, ni la más REMOTÍSIMA idea de lo que iba a ocurrir.

Que, de haberlo sabido lo habríamos hecho igual porque TENÍAMOS QUE REGRESAR A NUESTRA CASA COMO FUERA, PERO...

Nos hemos alejado un poco del agua, hacia el jardín tan bonito que hay alrededor del teatro de la Ópera. Como yo todavía llevaba el sombrero puesto, he imaginado que me tocaba la parte de llamar a los animales.

He carraspeado.

Yo: **¿Hola?**

La voz me ha salido muy flojita, temblorosa. Ni siquiera sabía si aquello iba a funcionar...

Yo: **¿HOLA? ¿Hay algún animal aquí? Necesitamos ayuda...**

Entonces sí, me ha salido mucho más fuerte. Mi voz ha resonado entre los árboles y entre los arbustos.

Hugo (murmurando): **¿Estás segura de que va a funcionar?**

Yo le he hecho callar haciendo un gesto con la mano, porque he oído un crujido entre los árboles. Y luego ya no era uno, sino muchos; crujidos, susurros y silbidos han comenzado a rodearnos.

Yo: **¡Hola! ¿Puede alguien hablar con nosotros, por favor?**

Nosotros nos hemos apretado los unos contra los otros. No es que estuviéramos asustados, pero...

De repente, de uno de los árboles ha bajado volando una silueta enorme y silenciosa. ¡Una lechuza! Se ha plantado frente a nosotros y nos ha observado con sus ojos enormes y de color dorado.

Lechuza: **Soy el portavoz de los animales de esta ciudad. Hemos oído vuestra llamada, humanos. Sabemos lo que habéis hecho por los nuestros, ¿qué podemos hacer por vosotros?**

La lechuza tenía una voz preciosa, grave y tranquila. Detrás de ella, poco a poco, han comenzado a posarse muchos más pájaros: gaviotas y unos loros pequeñitos con los colores del arcoíris, y también patos y una bandada de cuervos negros y siniestros.

Y detrás de los pájaros hemos visto... una multitud de siluetas que se mantenían entre las sombras. Veíamos el brillo de centenares de ojos clavados en nosotros...

Yo: **Necesitamos entrar en el teatro de la Ópera. Necesitamos llegar hasta el escenario para poder volver a nuestra casa. ¡Ayudadnos, por favor!**

En cuanto he acabado de hablar, un coro de chirridos, cacareos y silbidos se ha extendido por el parque, como si todos los animales allí (y eran muchos, ¡muchísimos!) estuvieran discutiendo a la vez.

Eso sí; cuando la lechuza que hacía de portavoz ha extendido las alas, se han callado de golpe.

Lechuza: ***Los animales hemos decidido, pequeños humanos.***

Ha hecho una pausa. No se oía nada. Incluso creo que mis amigos estaban aguantando la respiración…

Lechuza: ***Vamos a asegurarnos de que entráis en el gran teatro sanos y salvos. Vamos a asegurarnos de que podéis regresar a vuestro hogar.***

Yo: ***¡Ha dicho que sí! ¡Ha dicho que sí!***

He susurrado para mis amigos.

Lechuza: ***Ahora necesitamos, pequeños humanos, que os mantengáis al margen por un tiempo y que nos dejéis actuar a nosotros. Cuando podáis entrar en el teatro, os lo haremos saber.***

Yo: ***Pero ¿cómo..?***

He empezado a preguntar, porque habían dicho que nos ayudarían, sí, pero yo todavía no tenía claro cómo un puñado de animales podría hacer que entráramos en la Ópera de Sídney...

La lechuza ha extendido las alas otra vez, y entonces YO me he callado.

Lechuza: ***Esperad y veréis. Estad atentos a la puerta del teatro.***

Con esta última frase, y sin despedirse, la gran lechuza ha emprendido el vuelo y detrás de ella lo han hecho los demás pájaros —cuervos, loros, gaviotas...—, y también han desaparecido aquellos ojillos que nos observaban desde el fondo.

Nos hemos acercado, aún sin estar del todo convencidos, a las grandes puertas del teatro de la Ópera de Sídney. Ya debía de haber comenzado la obra porque allí solo quedaban los vigilantes de seguridad y las personas que se encargaban de recoger las entradas.

Nico: ***¿No te ha dicho cómo van a hacerlo, Martina? No logro imaginar cómo un puñado de animales puede hacer que entremos...***

He negado con la cabeza.

Sofía: **Quizá hay alguna entrada secreta que solo conocen los animales...**

Quizá era eso, pero, la verdad, lo dudaba. La lechuza nos había pedido que esperáramos en la puerta principal...

Lucía: **¡Sea lo que sea, tendría que ser YA! ¡Son las siete en punto!**

Justo después de que Lucía hablara, Hugo ha dado un paso hacia delante.

Hugo: **Pues creo que estarás contenta, Lucía, porque por lo visto va a ser ahora mismo. ¡Mirad!**

Primero hemos mirado arriba. En el cielo, una bandada de pájaros de todas las especies y tamaños sobrevolaba la Ópera de Sídney. Como si se hubieran puesto todos de acuerdo, se han posado al mismo tiempo sobre la cubierta en forma de vela. No tengo ni idea de cuántos eran. ¿Varios cientos? ¿Varios miles?

Lo único que sé es que enseguida los pájaros han comenzado a golpear la cubierta con sus picos, haciendo un ruido terrible.

Y después de los pájaros, hemos oído ladridos, los ladridos de miles de perros, quizá todos los de la ciudad, a la vez.

Los guardias de la puerta de la Ópera han salido a la calle a toda velocidad para ver qué era aquel escándalo.

Sofía: **¿Qué hacemos? ¿Entramos?**

Yo: ***¡No! ¡La lechuza ha dicho que nos avisaría!***

He tenido que gritar para que me pudiera oír. Los pájaros picando sobre las baldosas del teatro hacían un ruido infernal.

Hugo: ***¡Además, todavía está lleno de gente!***

Nico, pálido de repente, ha señalado hacia delante, y ha dicho:

Nico: ***Creo que..., creo que no lo estará durante mucho tiempo. ¿Eso no son ratas?***

PUES SÍ, eran ratas. Lucía y Sofía, y Nico también, han chillado horrorizados, pero yo no podía dejar escapar ningún sonido. ¡Ratas! Han comenzado a salir de todas partes. De las alcantarillas, de los sótanos de las casas... Eran tantas que solo veíamos una marea de color oscuro moviéndose a toda velocidad.

Y las ratas, en avalancha, HAN ENTRADO EN EL TEATRO DE LA ÓPERA.

Primero han chillado los vigilantes y los encargados de comprobar las entradas.

Al cabo de nada..., bueno, al cabo de nada ya hemos oído los chillidos de la gente que estaba DENTRO.

NICO: **Vaya, esto no me lo habría esperado jamás...**

La gente ha comenzado a salir de la Ópera. Señoras con vestidos de noche y cargadas de joyas y señores con chaqué y corbata escapaban como podían del teatro mientras las ratas seguían entrando y los pájaros continuaban golpeando el techo. Han salido los músicos llevando a cuestas sus instrumentos, las bailarinas y bailarines del ballet, dando saltos superelegantes, y luego los técnicos de luces y los acomodadores. El último ha sido un señor vestido con un frac de color negro que llevaba en la mano una batuta para dirigir la orquesta. Ha salido corriendo del teatro y no ha parado hasta que ha desaparecido por la siguiente esquina.

Nosotros estábamos fascinados, hipnotizados por todo lo que estaba pasando. ¡No podíamos creer el caos monumental que se había creado en apenas unos segundos! Tan distraídos estábamos que yo apenas he oído una vocecita fina y aguda...

Ardillita: **Disculpen, señores.**

He bajado la cabeza, buscando el origen de esa voz y entonces he visto... ¡una ardillita! Una de esas ardillitas voladoras que tienen una membrana de piel entre las patas que les permite planear de árbol en árbol.

Cuando la ardillita voladora se ha dado cuenta de que ya la había visto, ha hecho una reverencia diminuta.

Ardillita: **Señores, la Gran Lechuza me manda a avisarles de que ya pueden entrar en el teatro. Que todo está despejado...**

Nico (aterrorizado): **¡Pero sigue lleno de RATAS!**

Lucía: **Pues no las mires.**

Le ha espetado de inmediato. Quizá para tranquilizarlo, Sofía ha sujetado a Nico por el brazo derecho, y Lucía le ha agarrado del izquierdo.

Lucía: **Sea como sea, hemos de entrar ya. ¡Son las siete y cuarto! ¡Tenemos menos de diez minutos!**

Yo: **¡Vamos, vamos!**

Tampoco podíamos hacer nada más. Hugo y yo íbamos en cabeza; hemos comenzado a correr, con la ardillita voladora a nuestro lado. Detrás iban Lucía y Sofía, medio arrastrando a Nico hacia el teatro. Algunas ratas seguían entrando, pero otras muchas se habían quedado fuera, rodeando el edificio. Y no solo ratas: estaban llegando de todas partes más animales —gatos, perros, lagartos...—, como si quisieran formar una barrera alrededor de la Ópera.

Y entonces hemos visto OTRA COSA. Una persona vestida con un traje polvoriento, encorvada y muy enfadada.

Lo hemos reconocido enseguida.

Yo: **¡El señor Crowley! ¡El de la tienda de magia!**

¡Sí! ¡Era él! Y parecía muy airado.

Se ha plantado justo frente al teatro para bloquearnos el paso y nos ha señalado con uno de sus dedos largos y huesudos.

Señor Crowley: **¡Vosotros cinco! ¡Gamberros! ¡Bárbaros! ¡No vais a marcharos de aquí con esos objetos mágicos! ¡Tampoco vais a marcharos con mi libro, que me habéis robado un libro, malandrineeeeeeeeeeeeeeeeeeesssssss!**

Ha gritado mientras nos acercábamos más y más. ¡No íbamos a poder esquivarlo! ¡Íbamos a chocar contra él!

Pues al final no nos hemos chocado contra él porque cuando estábamos a punto de llegar a las puertas, cuando el señor Crowley estaba a punto de agarrarnos..., ¡UNA VEINTENA DE RATAS HAN SALTADO ENCIMA DE ÉL! Y un montón de gatos también, e incluso una gaviota enorme se ha posado sobre su calva y ha comenzado a picotearle en la cocorota.

No ha podido detenernos. Estaba demasiado ocupado INTENTANDO QUITARSE A TODOS LOS ANIMALES DE ENCIMA.

Así, nosotros, todavía guiados por la ardillita voladora, hemos entrado en el edificio de la Ópera de Sídney, completamente desierto. Hemos corrido por los pasillos y bajado escaleras hasta llegar al teatro principal.

El suelo estaba lleno de abrigos, de programas de la obra de esa noche que la gente había dejado abandonados en su huida y, por todas partes, en el techo, en los palcos de alrededor del patio de butacas, había ratas, nuestras amigas las ratas, observándolo todo.

Ardillita: **Van a asegurarse de que nadie entre...**

Por fin, a saltos, hemos subido al escenario.

Lucía: **¡Son las siete y veinte! ¡Vamos, vamos! ¡Tenemos que colocarnos en posición y representar nuestra obra! ¡Que nos vamos a casa, chicos!**

Todos hemos obedecido. Nos hemos puesto en círculo, yo con la brújula y Hugo con el sombrero de mago. Hemos comenzado a recitar las palabras del guion... He sentido, entonces, un cosquilleo fuerte que me iba de las puntas de los dedos hacia la muñeca, el brazo y todo el cuerpo... He cerrado los ojos, segurísima de que esta vez iba a funcionar y regresaríamos a casa...

Lucía: **¡No me lo puedo creer!**

Sofía: **¡Tiene que ser una broma!**

Nico: **¡Venga ya!**

Hugo: **Martina, Martina, abre los ojos...**

Cuando lo he hecho, me he dado cuenta de que seguíamos en el teatro, en Sídney.

¡NOOOOOOOOOOOOOOOOOOOOOOOOO OOOOOOOOOOOOOOOOOOO!

Y como siempre ocurre, más cosas han empezado a ir mal AL MISMO TIEMPO. De fuera del teatro, hemos comenzado a oír el ruido de sirenas.

Sí. Estábamos todos hechos polvo, porque no había funcionado NUESTRO PLAN y encima...

Nico: ***¿Eso no son sirenas de la policía?***

Yo: ***¿Qué hacemos? ¿Cómo ha podido fallar el hechizo? ¡Ahora lo hemos hecho todo bien!***

En ese momento, Lucía se ha girado hacia su hermana:

Lucía: ***¡Quizá Sofía se ha equivocado en su parte del texto! ¡Durante los ensayos siempre se le olvidaba!***

Sofía: **¡No! ¡Me he acordado del texto exacto, seguro!**

Le ha contestado superofendida

Lucía: **Sí, ya...**

Y, mientras tanto, las sirenas seguían sonando...

Yo: **¡Basta! ¡No vale la pena pelearnos! Ahora hay que buscar una solución, ¿de acuerdo? Siempre hemos encontrado una solución para todo, pues ahora también, ¿verdad?**

Por lo menos, Sofía y Lucía han dejado de pelearse y han dicho que sí con la cabeza. Mientras tanto, Nico se ha alejado un poco, hasta el borde del escenario, atento a los ruidos que nos llegaban desde fuera.

Nico: **Quizá deberíamos ir a ver lo que está pasando...**

Ni siquiera nos ha esperado. Ha comenzado a bajar poco a poco del escenario y se ha encaminado hacia la puerta de entrada del teatro otra vez. Nosotros poco podíamos hacer, aparte de seguirlo.

Ya estábamos llegando a la salida, y escuchábamos más claramente el ruido ensordecedor de las sirenas, cuando me he dado cuenta de que Hugo estaba muy callado y pensativo.

Yo: ***¿Qué ocurre? ¿Hugo?***

Hugo: ***Perdona, Martina. Solo es que... le estoy dando vueltas a por qué no ha funcionado el hechizo. Ostras...***

Hugo ha dicho «ostras» no por el hechizo, sino porque, por fin, hemos llegado a las puertas del teatro, y hemos visto: animales. Animales por todas partes. Grandes y pequeños. Ratas y ardillas voladoras, gaviotas y loros, serpientes y lagartos. Y canguros, perros, gatos con collar y un cascabel colgado al cuello...

Nico: **¿Eso no es un DINGO?**

Nico ha preguntado, señalando hacia nuestra derecha.

Y sí, a la lista de animales había que añadir una manada de dingos, esos perros salvajes de Australia...

Y estaban todos quietos, sentados alrededor del teatro, formando una gran barrera.

Una barrera entre nosotros y UN MONTÓN DE COCHES DE POLICÍA, todos con las luces de color azul encendidas. Y no solo había policía. Había también ambulancias, y por lo menos un camión de bomberos, y...

Y una multitud al fondo, intentando ver qué estaba ocurriendo.

Y periodistas. Docenas de ellos, con cámaras y focos, porque es NORMAL que vayan periodistas, policía, bomberos y ambulancias cuando de repente todos los animales de una ciudad parece que se han vuelto locos y han rodeado y ocupado uno de los edificios más famosos no solo de la ciudad, sino de TODO EL MUNDO.

Lo he dicho antes, ¿verdad? ¡Buena la habíamos hecho!

Hugo ha saltado de repente.

Hugo: **¡Ya sé! ¡Ya sé!**

Nico: **Pero ¿qué le pasa a este?**

Hugo estaba verdaderamente emocionado y ha comenzado a caminar en círculos, nervioso:

Hugo: **¡Ya sé lo que ha fallado! ¡En el hechizo! ¡Es la hora la que estaba mal!**

Lucía: **No, no, estoy segura de que eran las siete y veintitrés, Hugo...**

Y se ha quedado quieto de repente.

Hugo: **Pero ¿no lo veis? ¿No os acordáis de lo que hemos hablado antes, de que no hemos dormido nada?**

Entonces yo sí he entendido a qué se refería.

Yo: **¡Claro! ¡Porque en Australia hay doce horas MÁS que en España! ¡Por lo tanto, en casa son las siete de la mañana, no las siete de la tarde! Pero eso significa...**

Hugo ha mirado a través de la puerta a la multitud de personas y de animales que había fuera.

Hugo: **Significa que tendremos que pedir ayuda durante unas pocas horas más... ¿Señora ardilla voladora?**

Ha dicho entonces, levantando la voz.

Al instante, una silueta diminuta, la de la ardilla voladora que nos había ayudado a entrar, ha aparecido correteando por el pasillo y se ha plantado delante de él. Mientras él hablaba, la ardillita escuchaba atentamente y, al final, ha dejado escapar un chillido pequeñísimo antes de salir corriendo otra vez.

Hugo: **Bueno..., dice que intentarán aguantar unas horas. Para ir bien, y si no me he equivocado, deberíamos hacer el hechizo a las siete de la mañana de aquí...**

Yo: **Y, hasta entonces, ¿qué hacemos?**

He preguntado mientras miraba, nerviosa, hacia la calle. Los animales seguían ahí, y no parecían dispuestos a moverse, pero el resto de la gente, tampoco.

Nico (dando un bostezo gigantesco): ***Pues no sé vosotros, pero, visto que llevamos casi veinticuatro horas sin hacerlo..., yo propongo dormir un poco, ¿no?***

De nuevo, solo ha hecho falta que Nico mencionara que llevábamos prácticamente un día entero sin dormir para que nos entrara un sueño HORROROSO a todos.

Además, si Hugo tenía razón (y yo creo que la tenía), no podíamos hacer nada más...

Los cinco hemos regresado al escenario, ese escenario gigantesco de la Ópera de Sídney. Daba un poco de miedo, todo tan vacío, pero estábamos tan cansados que nos hemos acomodado cada uno en una de las butacas de la primera fila. A mí, la verdad, se me estaban cerrando los ojos, pero los he abierto de golpe cuando Hugo, que estaba en la butaca de al lado, se ha inclinado hacia mí para susurrar:

Hugo: **Oye, Martina.**

Yo: **Dime...**

Hugo: **Que... que sé que no es un buen momento ahora. Pero también sé que tenemos que hablar...**

No solo tenía los ojos abiertos ya, sino que el corazón me ha comenzado a latir a cien por hora.

Yo: **¿Hablar...?**

Hugo: **De nosotros. Y de lo que ocurrió... ya sabes... bueno. Ya sabes... Es que me da un poco de vergüenza...**

¿UN POCO? PUES SI A ÉL LE DABA UN POCO DE VERGÜENZA, A MÍ ESTABA A PUNTO DE DARME ALGO PEOR.

Aun así, por fin he conseguido mantener la calma, creo yo.

Yo: **Ah, ah... Bueno..., sí, claro. Claro. Tenemos que hablar. Claro. Cuando quieras... Es decir..., ¿quieres hablarlo ahora?**

Hugo: **Sí..., claro.**

Martina: **Vale...**

Hugo: **No, bueno, nada, yo... solo quería decirte que..., bueno, que me gustas mucho.**

¡QUE LE GUSTO MUCHO! Le gusto, y le gusto MUCHO. Vale, es definitivo, el corazón me iba a EXPLOTAR.

Martina: **¡Y tú a mí!**

Eso me ha salido sin pensarlo, estaba descontrolada, pero es que era la emoción.

Hugo: **Yo solo quería que lo supieras, porque para mí ya eres mi... Bueno, mi... ya sabes.**

¡Qué momento! Era como tener petardos en la barriga.

Martina: **Sí, ya sé, para mí también lo eres.**

CREO que ha sido uno de los momentos más felices de mi vida.

Aunque estábamos medio a oscuras, he visto que Hugo sonreía un poquito. Y luego se ha acurrucado en su butaca. Me ha mirado, me ha sonreído todavía más y poco a poco se ha ido acercando. Y ¡SÍ! me ha dado un beso de película y otra vez he tenido la sensación de que se paraba el tiempo y solo estábamos ÉL Y YO en el mundo.

Después nos hemos quedado abrazados y nos hemos dormido así, de lo agotados que estábamos.

Al despertar, no me notaba más descansada. Al contrario. Nos hemos despertado de repente, con los gritos y chillidos de los animales.

Hugo: **¡QUE VIENEN!**

Yo: ***¿Quién viene?***

He preguntado mientras me ponía en pie. Los demás han hecho lo mismo, incluso Nico, que siempre se le pegan las sábanas por las mañanas, ha dado un salto.

Hugo: ***¡Todo el mundo!***

Hugo llevaba puesto el sombrero de mago y se ha acuclillado para hablar a toda velocidad con la ardillita que tanto nos había ayudado.

Hugo: **Dice la ardilla que nada más salir el sol la policía y los bomberos han intentado entrar en el teatro. Han traído redes para cazar a los animales más grandes y mangueras de agua para quitar de en medio a los más pequeños... Muchos se están marchando ya, y los que se han quedado no podrán resistir demasiado tiempo más.**

Yo: **No va a hacer falta... ¿Qué hora es, Lucía?**

¡Pobres animales! Ya habían hecho por nosotros todo lo que podían; ahora era nuestro turno: ¡debíamos espabilarnos solos!

Lucía (mirando su reloj): **Las siete... ¡Las siete y diez!**

Perfecto.

Yo: **¡¿Pues a qué esperamos?! ¡Vamos a ponernos en marcha! ¡Tenemos trece minutos para marcharnos, chicos!**

«TRECE MINUTOS», he pensado, cruzando los dedos. ¿Los animales podrían aguantar trece minutos hasta que pudiéramos irnos...?

Nico: **¡Rápido, al escenario!**

Los cinco hemos subido al escenario. Nos hemos colocado en nuestros puestos y yo he agarrado fuerte la brújula mágica...

Lucía: **Las siete y dieciocho ya...**

Yo: **Solo un poco más... Sofía, ¿estás segura de que recuerdas bien tu frase?**

Sofía: **¡Que sí, pesados!**

Lucía: **¡Siete y veinte!**

¡Teníamos que prepararnos ya! Y, de hecho, estábamos preparados cuando hemos oído un estrépito que venía de fuera de la sala. Algunos de los animales que estaban en el exterior han entrado en tropel por el patio de butacas, capitaneados por aquella lechuza gigantesca, la portavoz de los animales, que se ha posado en lo alto del escenario, en la barra que aguanta los focos, y ha comenzado a chillar.

Hugo: **¡Dice que qué hacemos todavía aquí! ¡Que tenemos que marcharnos!**

Ha traducido, nerviosísimo.

Yo: **¡Sí, sí! ¡Nos vamos ya! ¡Venga! ¡Hay que comenzar a decir el texto! ¡Empiezas tú, Hugo!**

Hugo: ***No te olvides, exploradora, de tu brújula encantada. ¡Sin ella, te quedarás aquí atrapada!***

Sofía: ***¡¡¡GROOOOOOAAAAAAAAAR!!! ¿Ahora te vas, después de fastidiarme la merienda? Entonces, ¿qué comerá el menda?***

¡Lo ha dicho bien! ¡Sofía ha dicho toda su frase!

De repente, en el fondo de la sala, hemos visto que empezaban a aparecer personas en lugar de animales. Un montón de policías iban en cabeza, pero detrás estaban los periodistas y reporteros, con cámaras de vídeo sobre el hombro...

Lucía: ***¡Pues tendrás que comerte una ensalada, porque si intentas comerme a mí, te daré una patada!***

Y no solo policías y reporteros. De repente me ha dado un vuelco el corazón: ¡Allí estaba también el viejo propietario de la tienda de magia, el señor Crowley, OTRA VEZ!

¿ES QUE NO SE CANSABA NUNCA?

Sofía: **¡GROAORROAORR! ¡Habrase visto! ¡Un lobo vegetariano! ¡Esto no puede ser! ¡Ahora vais a ver!**

He agarrado con fuerza la brújula. Entonces, como habíamos hecho en el escenario del cole, hemos comenzado a correr en círculos...

Los policías, los reporteros y el señor Crowley nos han visto y han empezado a correr a toda velocidad hacia nosotros...

Yo: **¡Brújula, brújula maravillosa, ayúdame a poner pies en polvorosa!**

Primero, he notado un cosquilleo que me iba de la punta de los dedos a los brazos, al cuello y a todas partes. Luego, he visto que la aguja de la brújula comenzaba a dar vueltas como una loca...

Y entonces he sentido un mareo, era como si me cayera por la montaña rusa más grande del mundo.

He cerrado los ojos. Mientras lo hacía, una mano, creo que era la de Hugo, porque siempre reconozco la mano de Hugo aun sin verla, me ha sujetado fuerte.

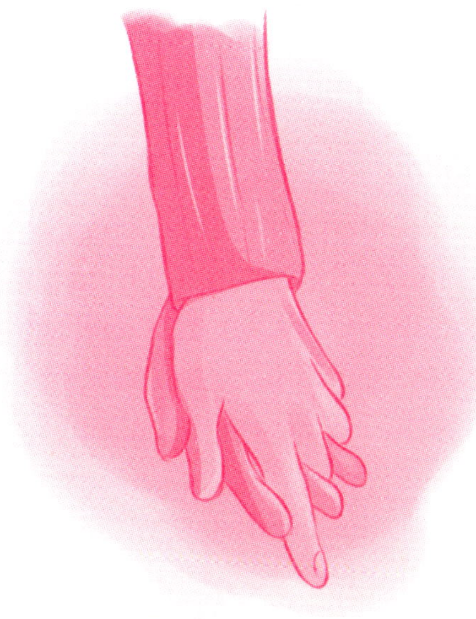

Y, por fin, poco a poco, cuando todo parecía haberse calmado, he abierto los ojos... y he oído una voz:

Voz: ***BUENO, ¡POR FIN! ¡¿Dónde os habíais metido, chicos?!***

¡Era la profesora Thomson! ¡Nuestra profe de lengua! La profesora Thomson venía por el pasillo de en medio del patio de butacas. Detrás de ella estaban algunos de nuestros compañeros, y a nuestro alrededor...

¡EL TEATRO DE LA ESCUELA!
¡ESTÁBAMOS EN CASA!

Yo: ***Pues... pues...***

Me he quedado mirando a Nico, a Lucía, a Sofía y también a Hugo, que ya no me estaba agarrando la mano (lástima), pero a ninguno nos ha salido una buena respuesta.

Yo: ***Ya... ya estábamos aquí, profesora. Hemos llegado antes para poder ensayar un poco más.***

Profesora Thomson: ***Ah, claro..., bueno. Nosotros estábamos esperando fuera... No pasa nada. Id atrás, a los camerinos. Dentro de nada abriremos las puertas, y a las ocho en punto estrenamos la obra...***

Estábamos agotadísimos, todo lo agotados que se puede estar tras vivir una aventura tan extraña en el otro extremo del mundo, pero hemos hecho lo que nos pedía la profesora. Nos hemos preparado y, cuando ha sido el momento, mis amigos y yo hemos salido al escenario para representar nuestra obra de teatro.

Eso sí. La brújula, por si acaso, la he dejado en el camerino, Hugo también ha dejado el sombrero de mago, y Nico, el libro de hechizos que habíamos conseguido en la tienda del señor Crowley.

ESO NO QUIERE DECIR, CLARO, que luego, después de que el estreno de la obra haya sido un éxito, después de que nuestras familias y amigos nos hayan aplaudido a rabiar...

Eso no quiere decir que yo, después, no me haya llevado la brújula a casa, y tampoco quiere decir que Hugo no se haya llevado el sombrero y Nico el libro, porque...

Porque nunca se sabe, ¿verdad?

Lista de cosas SUPERDIVERTIDAS para llevarse al fin del mundo

*
*
*
*
*
*
*
*
*

PASAPORTE